Günter Hannich

Deflation

Die verheimlichte Gefahr

So sichern Sie sich ab

und nutzen Chancen

Günter Hannich
Copyright 2008
5. völlig überarbeitete Auflage 2008
ISBN 3-9808522-3-7

Grafiken: Günter Hannich
Karikaturen: Rene Schulz, email:nc-schulzre2@netcologne.de
Umschlag: Klaus Peinhaupt

Internet: http://www.geldcrash.de

Email: info@geldcrash.de
Fax: 02561/959-500-850

„Hat man 24 Stunden früher als die übrigen Menschen Recht, so gilt man 24 Stunden lang für närrisch."
Rivaro

Vorwort

Als ich 1999 das Buch „Geldcrash - So retten Sie Ihr Vermögen" schrieb, da konnte sich niemand vorstellen, dass die Aktienmärkte einmal bis zu 90 Prozent der Höchststände einbüßen würden. Alle Welt war an steigende Kurse gewöhnt, und man wurde geradezu als dumm betrachtet, wenn man nicht auf den immer schneller werdenden Zug aufsprang. Damals warnte ich als einer der Wenigen vor den Ereignissen und gab Hinweise, wie sich der Einzelne vor Schäden bewahren konnte. Dasselbe wiederholte sich beim Euro, als ich vor den Gefahren der Einheitswährung warnte.

Heute ist die Situation wieder ähnlich, wenn nicht sogar erheblich gefährlicher. Denn diesmal geht es um unser Finanz- und Wirtschaftssystem als Ganzes. Damit steht und fällt dann auch der persönliche Wohlstand jedes Einzelnen. Die zunehmend platzenden Spekulationsblasen machen deutlich, dass eine gewaltige Finanzkrise droht.

Gemeint ist die sich anbahnende Deflation. Unter diesem Begriff können sich die wenigsten Bürger überhaupt etwas vorstellen. Selbst Experten sind so an Inflation und immer steigende Preise gewöhnt, dass kaum jemand sich zu diesem noch neuen Thema ausführlich äußern möchte. Doch das Totschweigen, ewige Dementieren oder unter den Teppich kehren des Problems führt nur dazu, dass die Situation immer weiter aus dem Ruder läuft.

Da die Bevölkerung die heraufziehende Gefahr kaum erkennen kann, wird sie auch die Verantwortlichen nicht bewegen können, das Richtige zu tun. Sehr wohl jedoch können Einzelne, die bereit sind, einige wirtschaftliche Zusammenhänge und Hintergründe zu erforschen, richtig auf die Geschehnisse reagieren. Das lohnt sich, denn jede Bedrohung bietet gleichzeitig auch Chancen für den Informierten. Es ist bezeichnend, dass gerade die großen Vermögen meist in Krisenzeiten, vor allem während Deflationen, gemacht worden sind.

Wer also heute klug handelt, hat die Möglichkeit, das Schlimmste für sich zu verhindern. Aber nicht nur das. Er kann auch statt Krisenopfer ein Krisengewinner werden. Krise heißt immer auch Chance. Und solche Chancen wie heute und in näherer Zukunft bieten sich in der Regel nur einmal pro Jahrhundert. Dieses Buch versorgt Sie leichtverständlich mit dem notwendigen Wissen. Nicht umsonst heißt es: „Wissen ist Macht“.

„Unter Deflation versteht man gemeinhin den dauerhaften Rückgang eines allgemeinen Preisindexes wie des Indexes für die Verbraucherpreise oder des Deflators des Bruttoinlandsprodukts. Erfahrungsgemäß geht eine Deflation mit einer Verminderung der umlaufenden Geldmenge und/oder der Umlaufgeschwindigkeit des Geldes einher. Die Furcht vor einer Deflation ist vor allem geprägt von den Erfahrungen der Weltwirtschaftskrise zu Beginn der dreißiger Jahre, als es zu einer deflationären Abwärtsspirale mit sinkenden Preisen, fallender Produktion und weiter sinkenden Preisen kam. Die Erfahrungen in Japan zeigen aber, dass auch ein anhaltender geringfügiger Rückgang des Preisniveaus für eine Volkswirtschaft schädlich sein kann. Eine solche Entwicklung erhöht die Unsicherheit, verzerrt die Allokation der Ressourcen, hat nachteilige Verteilungswirkungen und verhindert dadurch eine nachhaltige Erholung des Wachstums.“

Bundesverband Deutscher Banken, 6/2003

Die verborgene Gefahr

Was ist eine Deflation?

Die wenigsten Menschen können sich überhaupt etwas unter dem Begriff Deflation vorstellen. Deflation bedeutet ein Absinken der in der Wirtschaft umlaufenden Geldmenge, was zu fallenden Preisen führt. Das hört sich ganz harmlos an und wird zunächst von den Menschen als angenehm empfunden. Schließlich wurden wir alle durch jahrzehntelange Inflation an ständig steigende Preise gewöhnt. Es ist Ihnen vielleicht in Fleisch und Blut übergegangen, dass alles, was Sie heute nicht kaufen, schon morgen nur noch teurer zu haben ist.

In einer Deflation ändert sich dies. Aber nicht nur die Preise fallen, sondern der Preisverfall hat unangenehme, ja beängstigende Folgen. Gewohnte Entwicklungen stagnieren plötzlich oder drehen sich um. Hierzu gehören Sozialabgaben und -leistungen, Kultur, Arbeitslosigkeit oder innere Sicherheit. Dies hat damit etwas zu tun, dass die Deflation ein sich selbst verstärkender Prozess ist. Kommt eine Deflationsspirale erst einmal in Bewegung, ist sie nur noch schwer zu stoppen. Die Schnelligkeit der Spirale hängt allerdings nicht nur von den „harten“ wirtschaftlichen Fakten ab, sondern auch von der Erwartungshaltung der Bevölkerung. Ist diese überzeugt, dass Preise weiter fallen werden, übt sie Kaufzurückhaltung – und verschärft das Problem dadurch. Das ist der verständliche Grund, weshalb weder Politik noch Wirtschaft oder Zentralbanken ein Interesse daran haben, den Menschen reinen Wein einzuschenken. Aber während die breite Bevölkerung im Unklaren gelassen wird, richten sich große Konzerne schon seit einiger Zeit auf einen deflationären Abschwung ein. Belege dafür sind die harte Verhandlungshaltung der Arbeitgeber gegenüber den Gewerkschaften oder die konsequenten Entlassungen auch in größerem Stil sowie die rigorose Schließung nicht effizienter Filialen oder Zweigniederlassungen. Aber nicht nur das: Es wurden sogar geheime Strategieabteilungen eingerichtet, die nichts anderes tun, als den Konzern auf die kommende Krise vorzubereiten. Wenn Sie also statt zur Masse der Verlierer zu den wenigen Gewinnern gehören möchten, sollten Sie sich mit diesem Thema näher befassen. Vielleicht haben Ihnen Ihre Großeltern von der Weltwirtschaftskrise der 30er Jahre erzählt? Dann konnten Sie sich ein Bild davon machen, was Sie in einer Deflation erwartet. Eine Geschichte von vielen: Eine heute über 90 Jahre alte Frau bewirtschaftete mit ihren Eltern zur Zeit der Weltwirtschaftskrise einen kleinen Bauernhof. Wie so viele, waren auch sie verschuldet. Durch die Deflation wurden die Schulden immer weiter aufgewertet, während die Einnahmen schrumpften. Ihr Vater ging einmal mit einem Wagen voller Kartoffeln zum Markt und kam mit diesem vollen Wagen auch wieder zurück - niemand *konnte* Kartoffeln kaufen, weil niemand Geld hatte. Als die Schulden immer drückender wurden, brachte der Vater sich aus Verzweiflung um. Lernen Sie aus dieser Geschichte! Es liegt an Ihnen, ob die Deflation für Sie zum Paradies oder zur Hölle wird.

„In unserer Gesellschaft gibt es zwei Klassen: Leute die mehr bekommen als sie verdienen und solche, die mehr verdienen als sie bekommen."
George Bernard Shaw, Schriftsteller (1856-1950)

Deflation – Paradies oder Hölle?

Stellen Sie sich vor, dass alles immer billiger wird – je länger Sie also warten, umso mehr können Sie kaufen. Wenn Sie zur Miete wohnen, dann haben Sie die Möglichkeit, Ihren Vermieter dazu zu bringen, die Miete zu senken. Oder Sie ziehen in eine bessere Wohnungen für weniger Geld. Bereits heute ist von Wohnungsnot keine Rede mehr, Sie haben eine gute Auswahl. Im Osten Deutschlands stehen bereits 1,4 Mio. Wohnungen leer. Wenn Sie sich in solch einer Zeit ein Haus kaufen wollen, dann steht für Sie nicht nur eine reichhaltige Auswahl an Objekten zur Verfügung, sondern Sie können sogar den Preis kräftig drükken. Der Verkäufer ist zufrieden, wenn er die Immobilie überhaupt verkaufen kann. Möchten Sie nicht selbst Arbeiten in der Wohnung oder am Haus verrichten, können Sie für wenig Geld Leute finden, die dies für Sie tun. Und auch das wird anders: Geldanlage im heutigen Sinne lohnt sich nicht mehr, denn erstens bekommen Sie kaum noch Zinsen, und zweitens steigt das Risiko eines Verlustes. Daher lassen Sie Ihr Geld lieber auf einem Geldmarkt- oder Termingeldkonto oder gar als Bargeld im Tresor und damit täglich verfügbar liegen. Sie brauchen ja auch keine unsicheren Investitionen eingehen: Die Rendite kommt gewissermaßen von selbst, da Sie immer mehr mit Ihrem Geld kaufen können.

Das alles hört sich paradiesisch an. Was die meisten Leute jedoch übersehen, ist Folgendes: Den Nutzen in einer Deflation haben Sie nur, wenn Sie über mehr Geld verfügen als Sie unmittelbar zum Leben brauchen. Denn Ihr Lohn oder Gehalt wird ebenfalls eher gesenkt als angehoben. Hinzu kommen ganz im Gegensatz zum Trend am freien Markt eher wachsende Belastungen bei unvermeidlichen Ausgabeposten, wie Steuern, Gebühren, Sozialbeiträge oder staatliche Versicherungen. Das heißt, Sie haben eigentlich nur einen Vorteil, wenn Sie nicht auf Arbeit angewiesen sind. Gehören Sie jedoch zur Mehrheit derjenigen, welche auf einen Arbeitsplatz oder ein Gewerbe angewiesen ist, dann schaut alles ganz anders aus!

Die sinkenden Preise nutzen Ihnen dann effektiv nichts, da Ihr Lohn ebenso sinkt oder Sie sogar arbeitslos werden. Vom Staat können Sie keine große Arbeitslosenunterstützung oder Sozialhilfe zu erwarten. Denn längst hat auch er dafür nicht mehr ausreichend Geld zur Verfügung und sieht sich immer mehr Anspruchsberechtigten gegenüber. Diese Entwicklung zeichnet sich ja bereits jetzt ab. Sie sind dann gezwungen, jede Art von Arbeit zu jedem auch noch so niedrigen Lohn anzunehmen. Weil viele Menschen Arbeit suchen, sinken die Löhne immer weiter. Sind Sie zu dieser Zeit Mieter, dann können Sie vielleicht mangels Einkommen selbst Ihre reduzierte Miete nicht mehr bezahlen und müssen in schlechtere Wohnverhältnisse wechseln. Und haben Sie dann vielleicht ein Eigenheim durch Kredite finanziert, dann sieht es noch schlimmer aus: Da Ihr Einkommen sinkt, müssen Sie mehr arbeiten, um die Schulden zu bedienen. Gleichzeitig müssen Sie mit ansehen, dass Ihr Haus immer mehr an Wert verliert, da das Angebot wächst und zahlreiche Zwangsversteigerungen die Preise drücken. Nun liegt es an Ihnen, ob Sie Deflation als Paradies oder Hölle betrachten. Doch warum ist eine Deflation für die Masse viel schlimmer als eine Inflation?

Ohne Energie und Nahrungsmittel lag die US-Inflation zuletzt bei 2,4 Prozent, weniger als im Schnitt 1995 bis 2000; in Deutschland liegt die Kernrate bei historisch niedrigen 0,6 Prozent. ... Die weltweite Inflation liegt mit 3,5 Prozent historisch niedrig, ohne dass ein Trend nach oben erkennbar ist. ... Mitte der 90er gab es noch Jahre, in denen die Teuerung im Weltschnitt 30 Prozent erreichte.

Financial Times Deutschland, 15.6.2006

Inflation - die überschätzte Bedrohung

Während die Deflation als Problem weitläufig unbekannt ist, wird die Inflation überschätzt. Fragen Sie einmal in Ihrem Bekanntenkreise, was man als problematischer ansieht! Sie werden meistens die Antwort „Inflation" bekommen. Die Inflation ist in den letzten Jahrzehnten zum Schreckgespenst aufgebauscht worden. Ältere Bürger wissen noch etwas von Geldscheinen mit vielen Nullen und kaum Werte. Teilweise sind solche sogar noch bei der Großmutter im Schrank zu finden – ein Relikt aus den 20er Jahren. Die Menschen haben heute den Eindruck, dass eine Wirtschaftskrise gleichbedeutend mit wertlosem Geld ist. Politiker, Medien und Notenbanken fördern diese Ansicht, indem beispielsweise auf angeblichen „Inflationsdruck durch die steigenden Löhne" hingewiesen wird. Es wurde der Eindruck erweckt, dass nur der kleine Arbeitnehmer mit seinen Lohnforderungen an den Problemen schuld sei. Dabei wird behauptet, dass die Lohnforderungen der Gewerkschaften die Unternehmen zu Preiserhöhungen zwingen und damit zu einer stärkeren Inflationsrate führen würde.

Dabei wird übersehen, dass man zwar in einer Inflation Probleme hat, den Wert der Ersparnisse zu behalten, aber ansonsten recht ordentlich leben kann. Weil der Geldwert permanent kleiner wird, muss Kapital immer schnell wieder investiert werden, damit es eine Rendite bringt, die den Wertverfall kompensiert. Jeder, der Geld hat, gibt es möglichst schnell wieder aus. Das Motto heißt: „Lieber heute kaufen, bevor es morgen noch teurer wird.“ Das führt dazu, dass die Wirtschaft auf Hochtouren läuft, weil es ständig eine hohe Nachfrage nach Sachgütern gibt. Darum kommt es auch zu keiner Massenarbeitslosigkeit.

Und noch besser: Wer Schulden hat, der wird sogar durch den Geldwertverlust entschuldet. Da die meisten Unternehmen verschuldet sind und zudem der Umsatz steigt, ist Inflation für den Unternehmer kein großes Problem. Anders sieht es für all diejenigen aus, die in der Inflation Schulden machen und dann durch steigende Zinssätze unter Druck kommen. Wer vor allem den Schaden hat, sind die Sparer, die ihr Kapital fest angelegt haben und es nicht schnell genug in Sachwerte umsetzen können. Für Geldanleger, die liquide sind, also schnell auf das Ersparte zurückgreifen können, ist die Inflation kein großes Problem, weil sie schnell auf Sachkapital umsteigen können. Eine richtige Inflation liegt jedoch nur vor, wenn es zu einer „Lohn-Preis-Spirale“ kommt. Das heißt, dass die Arbeitnehmer Lohnerhöhung und die Beamten Gehaltssteigerungen durchsetzen können, welche den Geldwertverfall in etwa ausgleichen. Weil aber die Löhne steigen, erhöhen die Unternehmen auch gleich wieder die Preise, um die zunehmenden Personalkosten auf die Verbraucher abzuwälzen, die dann wiederum Einkommenserhöhungen fordern. Diese können nur dann erfüllt werden, wenn die Wirtschaft auf Hochtouren läuft und Arbeitskräfte dringend gebraucht werden. Sobald Arbeitslosigkeit vorhanden ist, würde dies schon wieder den Lohn drücken. Dementsprechend stellte sich die Lage schon seit Jahren dar: Die Gewerkschaften können keine Forderungen mehr erheben und müssen Zug um Zug bei den Verhandlungen nachgeben. Dass eine Inflation keine große Gefahr für den normalen Bürger ist, wurde in etlichen Entwicklungsländern deutlich. So hatte Argentinien in den 80er Jahren Preissteigerungsraten von mehreren Tausend Prozent, die aber gleich wieder über Lohnerhöhungen ausgeglichen wurden. Das Leben war zwar nicht angenehm, aber die Bevölkerung konnte sich mit den Umständen arrangieren. Ganz anders sah es nach der Argentinienkrise aus, die ab 2000 immer offensichtlicher wurde. Diese Krise entstand aus Überschuldung. Kredite konnten nicht mehr zurückgezahlt werden, es kam zum Geldmangel in der Wirtschaft, zur Deflation. Erst daraus entstanden Unruhen, Arbeitslosigkeit, Armut – nicht in der Inflation. Hier wird deutlich, dass in der Tat die Deflation für die meisten Menschen schlimmer ist als jede Inflation.

„Es ist irrig, ein Problem lösen zu wollen,
dessen Vorhandensein man sich nicht eingesteht."
Matthias Scharlach

Warum Deflation schlimmer als Inflation ist

Ganz anders sieht es in der Deflation aus: Da die Preise sinken, lohnen sich Investitionen immer weniger. Welcher Kaufmann kauft Waren, wenn er sie nur noch zu einem reduzierten Preis verkaufen kann? Wer investiert in ein Unternehmen, das immer weniger Waren absetzen kann? Weil die Preise permanent fallen, warten die Leute, bis es noch billiger wird. Das Motto lautet: „Lieber morgen kaufen, denn da ist alles noch billiger." Alle Käufe, welche nicht unmittelbar getätigt sein müssen, werden dann verschoben. Daraus entsteht ein Teufelskreislauf, eine *deflationäre Abwärtsspirale*. Hierin liegt ein grundsätzlicher Unterschied zur Inflation: Die Deflation beinhaltet den entgegengesetzten Effekt, der zu einer Selbstverstärkung führt. Weil alle nur noch auf billigere Preise warten, sinken die Umsätze bei den Unternehmen. Dadurch kommen diese unter Druck und müssen entweder Bankrott anmelden, weil sie die Kredite nicht mehr bedienen können, oder die Produktionsleistung drosseln. In beiden Fällen kommt es zu immer mehr Arbeitslosen. Wegen der explodierenden Erwerbslosigkeit sinkt die Kaufkraft der Leute – ein Arbeitsloser muss zwangsläufig sparen. Damit sinken die Umsätze der Betriebe weiter, und sie müssen noch mehr Personal abbauen usw. Zusätzlich reduzieren die Arbeitgeber die Löhne immer schneller, was durch das anschwellende Heer der Erwerbslosen sehr einfach wird. Dazu kommt, dass aufgrund der Firmenpleiten und privaten Insolvenzen auch immer mehr Kredite bei den Banken nicht mehr zurückgezahlt werden. Banken gehen bankrott und die Sparguthaben werden gesperrt. Damit sinkt die Kaufkraft der Bevölkerung zusätzlich. Die Deflation unterscheidet sich auch noch in einem anderen wichtigen Punkt von der Inflation: In einer Inflation haben Sie eine wesentlich bessere Planungsmöglichkeit. Sie wissen, dass die Preise immer weiter steigen und können dies bei Ihren Entscheidungen einbeziehen. In einer Deflation können Sie zwar von fallenden Preisen ausgehen, darüber hinaus jedoch ist alles ungewiss. Niemand weiß, was in naher Zukunft weiter geschehen wird. Dazu kommt, dass sich eine Inflationsrate viel besser bestimmen lässt als ein fallendes Preisniveau. Steigende Preise kann man anhand von veröffentlichten Listenpreisen bei den Unternehmen nachvollziehen, ein fallendes Preisniveau jedoch ist längst nicht so offensichtlich. Es verbirgt sich hinter Rabatten, Sonderpreisen usw., die statistisch schwer zu fassen sind. Das ist auch der Grund, warum dann niemand Investitionen richtig einschätzen kann.

Während eine Inflation also die Wirtschaft anheizt, wird diese in der Deflation erdrosselt. In einer Inflation können Sie noch einigermaßen normal leben – in einer Deflation verhungern Sie im schlimmsten Fall. Nun stellt sich die Frage, warum Sie gerade eine Deflation für die mittelfristige Zukunft einplanen sollten.

„Krisen meistert man am besten, indem man ihnen zuvorkommt."
Walt Whitman Rostow

Warum eine Deflation droht

Um zu verstehen, warum Sie von einer heraufziehenden Deflation ausgehen sollten, müssen Sie sich darüber klar werden, wie dieses Phänomen überhaupt entsteht. Viel einfacher ist die Ursache einer Inflation zu erkennen. Deshalb ist es am Anfang besser, zu versuchen, die allgemeinen Wirkungsmechanismen einer Deflation zu durchschauen.

Wie Sie sicher wissen, hängen die Preise für Konsumgüter, Immobilien und Dienstleistungen, aber auch für Wertpapiere von der ihnen gegenüberstehenden Geldmenge ab, mit der solche Ausgaben getätigt werden können. Vereinfacht ausgedrückt: Gibt es immer mehr Geld und immer weniger Waren, dann steigen die Preise. Von Inflation sollte man sprechen, wenn die in der Wirtschaft zirkulierende Geldmenge schneller wächst als das Angebot. Das zieht logischerweise Preissteigerungen nach sich. Nimmt hingegen die umlaufende Geldmenge gegenüber den Waren, Immobilien und Dienstleistungen ab, so spricht man von Deflation. Diese ist folglich durch ein fallendes Preisniveau gekennzeichnet. Beide Erscheinungen zeigen sich zuerst in den Bereichen des Marktes, welche am wenigsten reglementiert sind. Andere Bereiche können sich längere Zeit resistent erweisen. So werden im tariflich geregelten Gehalts- und Lohnbereich in Deutschland teilweise noch Steigerungen verzeichnet. Auch viele Freiberufler, die eine starke Lobby im Bundestag haben, wie Steuerberater und Architekten, müssen so schnell keine Abstriche an ihren Honoraren machen, da hierfür einzuhaltende Spielräume (Honorartabellen) bestehen. Ähnlich verhält es sich mit den Gebührenforderungen der Gemeinden und Städte, die mit der Euroumstellung teilweise drastisch erhöht wurden. Es können also in einigen Bereichen durchaus stabile Preise bestehen, ja Preiserhöhungen stattfinden, und trotzdem herrscht allgemein eine deflationäre Tendenz.

Wichtig ist, zu verstehen, dass nur die umlaufende Geldmenge die Entwicklung der Preise beeinflusst. Druckt eine Zentralbank – sie ist vom Staat unabhängig – Geld und vergibt es als Kredit oder kauft Wertpapiere damit, wie es üblich ist, so kann mit diesem Geld zweierlei geschehen:

1. Die Empfänger des Bargeldes, in erster Linie die Geschäftsbanken, legen dieses sofort in den Tresor. Dann hat das keine Auswirkung auf die Wirtschaft, weil das Zahlungsmittel gar nicht in Umlauf kommt. In dem Fall könnte die Zentralbank also die Wirtschaft nicht beeinflussen. Ebenso wäre es, wenn neues Geld sofort unter den Matratzen der Leute verschwände.

2. Die Empfänger tätigen mit dem Geld Investitionen. Die Geschäftsbanken würden also Kredite vergeben, Firmen würden beispielsweise neue Maschinen kaufen. Das wäre eine Basis für weiteres Wirtschaftswachstum.

Nur wenn Geld verstärkt für den Handel benutzt wird, kann es zur Inflation kommen. Wird hingegen immer mehr Geld zurückgehalten – Finanzfachleute sagen: gehortet – geht es mit der Wirtschaft abwärts, und die deflationäre Gefahr zieht herauf. Für Sie ist es bedeutsam, zu erkennen, dass Inflation wie Deflation auf einer Störung des Gleichgewichts zwischen umlaufendem Geld und gehandelter Warenmenge beruht. Vieles, was heute als Inflation gebrandmarkt wird, ist gar keine, denn oft spricht man schon bei Preiserhöhungen davon. Dahinter steckt jedoch nicht automatisch eine Inflation. So liegt keine Inflation vor, wenn der Staat die Mehrwertsteuer erhöht und deshalb die Preise steigen. Auch war es ebenso wenig eine Inflation, als im Zuge der Euroeinführung in wenigen Segmenten, wie bei Gaststätten, die Preise stiegen. (Leider sind diese Bereiche besonders plakativ, und zudem werden Preissteigerungen stärker wahrgenommen als Preissenkungen – der Euro wurde daher im Volksmund nicht umsonst Teuro genannt.) Diese Preiserhöhungen werden nicht zu einer Inflation, sondern zu einer Resignation derjenigen führen, welche sie

– oft bereits aus der Not heraus – durchführten. So wurde in der Fachpresse prognostiziert, dass jede dritte Gaststätte in Deutschland keine Zukunft hat.
Soviel nur in Kürze zu grundsätzlichen Mechanismen. Wie wir gesehen haben, bedeutet eine Inflation immer auch eine Lohn-Preis-Spirale – die Löhne können mit den Preisen Schritt halten. Anderenfalls würde die Kaufkraft sinken, und die Leute könnten immer weniger kaufen. Dies würde die Preise wieder durch sinkenden Umsatz bei den Unternehmen drücken. Man macht es sich zu einfach, steigende Preise gleich als Inflation zu brandmarken.

„Demnach wächst die Geldmenge in den fünf großen Industriestaaten schon jetzt langsamer als das nominale Bruttoinlandsprodukt. Dies deutet darauf hin, dass jene überschüssige Liquidität, die in den vergangenen Jahren in die Wirtschaft gepumpt wurde, jetzt wieder zurückgenommen wird.“
Yahoo Finanzen, 16.6.2006

Ursachen einer Deflation

Eine Deflation ist demgegenüber komplexer und viel schwieriger zu erkennen. Denn sie ist nicht einfach das Gegenteil von Inflation. Die einzige Gemeinsamkeit ist das gestörte Geld/Waren-Verhältnis.
Folgende Ursachen kommen in Betracht:

- Einzug von Geld durch die Notenbank
- Nicht proportionales Ansteigen der Waren- zur Geldmenge
- Umkippen des Preisniveaus am Ende einer Inflation
- Rückzug des Geldes vom Markt nach einem Crash
- Überschuldung und explodierende Kapitalkosten

Eine Deflation kann im einfachsten Fall eintreten, wenn die Notenbank eines Landes Geld einzieht. Dann wird die umlaufende Geldmenge kleiner, und das Zahlungsmittel bekommt gegenüber der gleichbleibenden Warenmenge einen größeren Wert. Dies äußert sich in fallenden Preisen. Es muss also für Waren, Immobilien, aber auch Dienstleistungen immer weniger gezahlt werden. Solch eine Politik wurde beispielsweise in der Weltwirtschaftskrise der 30er Jahre von der Deutschen Reichsbank gefahren. Damals war die Reichsmark mit einer „Dritteldeckung“ an das Gold gebunden. Die Notenbank musste für jeden herausgegebenen Schein ein Drittel des Wertes in Gold besitzen. Als ihr Goldvorrat im Zuge der Krise immer kleiner wurde, war die Reichsbank gezwungen, entsprechend Geld einzuziehen – eine Deflation begann.

Doch diese könnte auch ganz andere Ursachen haben. Sie kann sogar bei einer steigenden umlaufenden Geldmenge auftreten, dann nämlich, wenn die Produktion schneller zunimmt, die Warenmenge schneller steigt als die Geldmenge. Dann entsteht eine immer größere Kluft zwischen Waren- und Geldbestand. Das Geld wird wertvoller, und die Preise sinken. Solch ein Effekt trat, wie wir noch sehen werden, regelmäßig bei Edelmetallwährungen auf. Stabilität ist hier nämlich nur dann möglich, wenn die Wirtschaft ebenso schnell wächst wie neues Edelmetall für Geld zur Verfügung steht. Es muss also proportional zum Wirtschaftswachstum beispielsweise Gold gefördert und in Münzen verwandelt bzw. von den Notenbanken in Barren zur Deckung vorgehalten werden. Hält die Förderung nicht Schritt mit der Wirtschaft, kommt es zu sinkenden Preisen. Der deflationäre Nährboden ist bereitet. Eine Goldwährung ist damit immer deflationär, weil die zufällige Goldförderung und damit die Geldherstellung nie den Bedürfnissen der Wirtschaft angepasst werden kann.

Ein weiteres Szenario: Auch am Ende einer Inflation kann es zur Deflation kommen, wenn die Lohn-Preis-Spirale unterbrochen wird. Dies passiert, wenn die Löhne nicht mehr im gleichen Zuge steigen wie die Inflationsrate. Dann schwindet die Kaufkraft der Leute, und sie werden zum

„Sparen“ gezwungen, was letztlich die Preise wieder nach unten drückt. Dasselbe passiert, wenn die Notenbank ihre inflationäre Politik einstellt und Geld nicht mehr übermäßig herausgibt. Es kann dann schnell zu einem Kippen des Preisniveaus kommen – aus Inflation wird Deflation. Viel häufiger entsteht Deflation jedoch ohne Geldmengenverringerung. Dann bleibt die Geldmenge konstant, auch an der Warenmenge ändert sich nichts – und trotzdem fallen die Preise. Wie das? Indem das Geld von den Leuten gehortet wird. Das heißt, es wird als Bargeld zu Hause deponiert. Die Finanzfachleute unterscheiden zwischen diesem Horten und Sparen. Beim Horten liegt das Geld als „totes Kapital“ unter einer Matratze oder in einem Tresor. Beim Sparen wird das Geld auf die Bank gegeben (Sparbuch, Festgeld, Girokonto, Tagesgeldkonto). Damit steht es grundsätzlich der Wirtschaft als Kredit zur Verfügung. Nicht umsonst erhält man dann ja Zinsen. Dieses Sparen ist daher weit weniger gefährlich für die Wirtschaft als das Horten. Allerdings wird natürlich auch die Geschäftsbank eingezahltes Geld im Tresor verschwinden lassen, wenn sie dafür keinen geeigneten Kreditnehmer findet. Nur durch Horten ist auf dem Markt immer weniger Geld da, welches zum Warenkauf, für die Inanspruchnahme von Dienstleistungen, für Kunst und Kultur, aber auch für Investitionen benutzt wird – die Preise fallen. Verursacht wird plötzlich einsetzendes Horten oft durch einen Crash, einen Schock für Wirtschaft und Gesellschaft. Diese Unsicherheit führt die Leute dann dazu, „erst einmal abzuwarten“. Es tritt der Effekt des sogenannten „Angstsparens“ auf. Besser sollte man von „Angsthorten“ sprechen. Wer investiert schon, wenn die Aussichten auf Gewinn unsicher sind, wenn vielleicht sogar das eingesetzte Kapital verloren gehen könnte? Wer gibt Geld für verzichtbare Konsumgüter aus, wenn er dieses Geld eventuell später dringend für Lebensmittel benötigt? Fast jede Krise hat das Potenzial, zu einer Deflation auszuarten. Vorstellbar ist auch eine Deflation durch Überschuldung. Stellen Sie sich vor, Ihre privaten Schulden und Verbindlichkeiten würden schneller zunehmen als Ihr Einkommen. Eine gewisse Zeit lang könnten Sie vielleicht vor Ihren Freunden und Nachbarn noch Wohlstand zur Schau stellen. Doch früher oder später würde die Stunde der Wahrheit schlagen, müssten Sie die Schulden bedienen. Was würden Sie dann machen? Sie müssten Ihren Konsum immer weiter reduzieren, um der explodierenden Last an Schulden nachzukommen. Genau in dieser Falle steckt heute unsere Volkswirtschaft: Die Schulden und Verbindlichkeiten von Staat, Unternehmen und privaten Haushalten wachsen etwa dreimal schneller als das Bruttosozialprodukt!

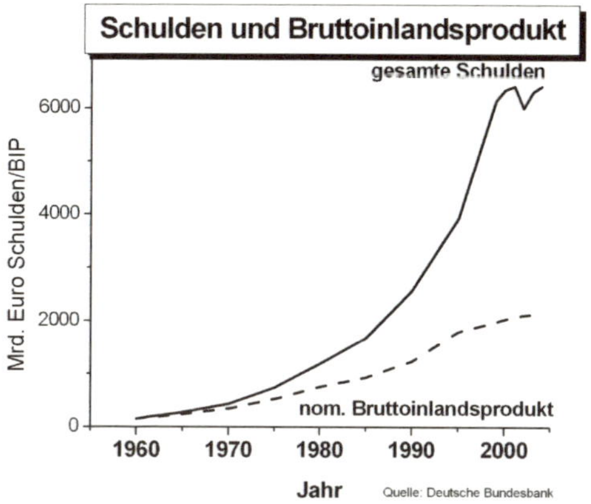

Abb.1: Die gesamten Schulden wachsen in Deutschland dreimal schneller als die Wertschöpfung – die angefangene Krise des Systems zeigt sich u.a. an den Einbrüchen bei der Schuldenaufnahme 2002

Als Ganzes gesehen wurde also der Wohlstand mit Schulden erkauft und zwar mit der Zeit mit immer mehr Schulden. Das ist nicht nur in Deutschland so. Seit 25 Jahren ist es außer Rumänien keinem Land der Erde mehr gelungen, die Altschulden nennenswert abzutragen. Wenn heute die Finanzminister von Abbau der Verschuldung sprechen, dann meinen sie nur noch die Neuverschuldung! Abbau von Staatsschulden bedeutet also nicht etwa Reduzierung der absoluten Schuldenlast, sondern nur Senkung der Quote der Neuschuldenaufnahme gegenüber dem Vorjahr. Das

kommt daher, weil schon vor vielen Jahren die Zinslasten nicht mehr allein durch die üblichen Staatseinnahmen, wie Steuern, getragen werden konnten. Man nahm daher einfach neue Kredite für den Schuldendienst auf. Aber auch die Unternehmen sind im Durchschnitt in historisch nie gekanntem Maße verschuldet. Hinzu kommt nun ein weiterer bedenklicher Effekt: Mit zunehmender Marktsättigung, härterer Konkurrenz (Globalisierung) und nachlassender Kaufkraft kann auch das Wachstum nicht mehr auf dem Niveau gehalten werden, wie man es in den vergangenen Jahrzehnten gewohnt war. Beides lässt nur einen Schluss zu: Durch die hohen Kapitalkosten und schwierigere Märkte werden die Unternehmen, aber auch der Staat und private Haushalte immer stärker belastet. Die Betriebe entlassen Arbeiter oder kürzen Löhne, der Staat nimmt weniger ein, und die Leute wollen immer weniger kaufen.
Insgesamt gesehen haben wir heute einen Zustand erreicht, in dem drei der fünf möglichen Ursachen für eine Deflation vorliegen: Jahrzehntelang hatten wir permanente Inflation, nun kippt die Entwicklung, die Preise beginnen zu fallen. Gleichzeitig sind die Märkte immer mehr gesättigt, während die Schulden und Kapitalkosten kräftig steigen. Zu alldem kommt noch, dass in der angespannten Lage permanent die Gefahr eines plötzlichen Crashs besteht, in dem sich das Kapital unerwartet zurückzieht und eine massive Deflation auslöst.

„Der zuverlässigste Weg, die Zukunft zu sehen ist das Verstehen der Gegenwart."
John Naisbitt

Crash bedeutet immer Deflation

Das Fatale ist, dass sich niemand vorstellen kann, wie die Preise plötzlich ins Rutschen kommen könnten. Wie wir gesehen haben, ist ein Grund für die Deflation ein plötzlicher Crash. Die meisten Menschen meinen, dass Crash automatisch Inflation bedeutet. Doch was machen Sie, wenn plötzlich Banken schließen? Geben Sie dann schnell alles Geld aus, weil Sie eine Inflation befürchten? Oder sparen Sie und kaufen nur noch das Nötigste, aus Angst vor dem Ungewissen? Sie werden Letzteres machen und nicht nur Sie, sondern Millionen Menschen genauso. Sobald Unsicherheit da ist, verschieben die Leute alle nicht unbedingt nötigen Käufe in die Zukunft. Dann kommen die Unternehmen unter Druck, weil sie nichts mehr verkaufen können und sind zu Preissenkungen gezwungen – eine Deflation entwickelt sich.

Wie schnell solch ein plötzlicher Crash stattfinden kann, konnten Sie am 11. September 2001- dem Terroranschlag in New York - erleben. Unternehmer berichteten, dass die Käufe der Menschen unmittelbar nach den Anschlägen zusammenbrachen. Hätten damals nicht die Notenbanken eingegriffen und wären die Börsen in den USA nicht geschlossen worden, so wären Bankenpleiten unvermeidbar gewesen. Das Gleiche wäre passiert, wenn die Anschläge nicht in der Frühe, sondern zur Börsenhauptzeit stattgefunden hätten, wenn womöglich sogar die Börse selbst zerstört worden wäre. Eigentlich waren es nur glückliche Umstände, dass es nicht zu einem Crash und einer Deflation gekommen ist.

Erkennen sollten Sie aber: Jeder Crash, jeder plötzliche, unerwartete Schock führt niemals zu einer Inflation, sondern immer zu einer Deflation.

Dabei muss es gar nicht einmal zu einem plötzlichen Desaster kommen: Schon der eher schleichende Kursrückgang an den Börsen seit dem Jahr 2000 hat die Haushalte um so viel Kapital erleichtert, dass sie ihre Ausgaben reduzieren. Zwar wird an der Börse kein Geld vernichtet, aber umverteilt. Das Geld wandert bei einem Rückgang der Kurse zu den Anlegern, die sich wirklich gute Berater leisten können, also zu der bereits wohlhabenden oder reichen Klientel. Dort wird das Geld nicht ausgegeben, sondern neu angelegt. Es stammt vor allem von Kleinanlegern, die es nun nicht mehr für Konsumgüter oder Urlaubsreise ausgeben können. So gab die Deutsche Bundesbank bekannt, dass erstmals seit 50 Jahren wegen der Kursrückgänge an den

Börsen im Jahr 2002 das private Geldvermögen gesunken sei.[1] Was machen Sie, wenn Sie denken, dass Ihre Aktien an der Börse immer weiter steigen? Dann geben Sie großzügig Ihr Geld aus, weil Sie denken, dass Ihre zukünftigen Ausgaben ja durch noch höhere Börsenkurse gedeckt werden. Umgekehrt: Was tun Sie, wenn Ihre Aktien plötzlich stark an Wert verlieren? Dann geben Sie immer weniger aus, weil Sie befürchten, dass Ihr Aktienbestand noch weiter zusammenschmelzen könnte und sie dann unter Umständen später zu wenig Geld haben. Das ist der Grund dafür, warum allein durch die Verluste an den Börsen seit dem Jahr 2000 schon eine deflationäre Tendenz eingeläutet wurde.
Das gleiche passierte im Sommer 2007, als die Immobilien in den USA nach jahrelanger spekulativer Steigerung anfingen zu sinken. Für immer mehr US-Bürger platzten die Krediten, die Banken kamen in Schwierigkeiten und so zog sich eine ganze Liquiditätskrise bis nach Europa. Platzen noch mehr solcher Spekulationen, dann entwickelt sich daraus durch fallende Massenkaufkraft zwangsläufig eine Deflation. Dabei wird das Ausmaß der Krise überhaupt erst nach dem Jahr 2008 absehbar sein, da dann erst die Kreditausfälle beziffert werden können.[2]
Sie haben gesehen, dass ein Crash, auch wenn er in kleinen Schritten stattfindet, immer deflationäre Tendenzen aufwirft. Nun stellt sich die Frage, ob es überhaupt möglich ist, solch eine verhängnisvolle Entwicklung aufzuhalten.

„Die Probleme werden dadurch am besten gelöst,
dass man sie erkennt, bevor sie Probleme werden.“
Joachim Zahn

Zwangsläufige Entwicklung zur Deflation

Kann man heute noch die Entwicklung zur Deflation aufhalten? Die Antwort ist: Nein!
Das heutige System ist so angelegt, dass es beinahe automatisch in Richtung Deflation geht. Selbst der beste

Volkswirt, der beste Politiker der Welt könnte – sofern er das System an sich nicht ändert – die fatale Entwicklung nicht aufhalten. Es ist fast unbedeutend für die kommenden Ereignisse, ob die Werktätigen heute weniger oder mehr, kürzer oder länger arbeiten, ob der Staat die Steuern erhöht oder senkt. Deshalb ist es auch trügerisch, in dieser Situation „bessere Politiker" oder „mehr Verantwortlichkeit" zu fordern. Das glauben Sie nicht?

Dann sehen wir uns am besten die typische Entwicklung einer kapitalistischen Volkswirtschaft am Beispiel Deutschlands an. Nach dem Krieg war Deutschland völlig zerstört, es bestand enormer Aufbaubedarf. Nachdem die D-Mark eingeführt wurde, war auch genug Sicherheit für Unternehmer gegeben, um diesen leeren Markt zu füllen. Also nahm man Kredite auf und gründete einen Betrieb. Und damit war bereits der Samen einer verhängnisvollen Entwicklung gelegt. Warum? Weil hinter jedem Kredit entsprechendes Geldvermögen steht, das eine Zinszahlung erwartet. Klar, nur wenn jemand spart, kann durch Sparkassen und Banken auch Geld weiterverliehen werden. Das ist an sich ganz normal. Der Kredit selbst wäre kein Problem, wenn er nicht mit Zinsen bedient werden müsste. Die Zinsen sind der Anreiz zum Sparen und bedeuten, dass der Unternehmer mehr zurückzahlen muss als ausgeliehen wurde. Der Geldverleiher bekommt mehr zurück, als er gegeben hat. Dies erscheint den Menschen auch als ganz normal, denn wer würde 1.000 Euro verleihen, um nur wieder 1.000 Euro zurückzuerhalten?

Doch nicht nur die Unternehmer, sondern auch die Bürger nahmen Kredite, um sich beispielsweise den Wunsch nach einem Haus erfüllen zu können. Für einen solchen langfristigen Kredit musste nicht selten das Zwei- bis Dreifache der ausgeliehenen Summe zurückgezahlt werden. Der Geldverleiher hatte wiederum den Wunsch, seine Zinsgewinne wieder anzulegen, was nur ging, wenn jemand nun auch diesen Zugewinn als Kredit aufnahm. Das bereitete am Anfang auch kein Problem, weil die Kreditnachfrage gewaltig war. Der Markt war leer, die Nachfrage nach allen Arten von Produkten groß. Es lohnte sich also für Unter-

nehmer, hier einzusteigen. Im Lauf der Zeit wurden die Märkte aber immer mehr gesättigt. Das anzulegende, durch Zinseszins in erster Näherung exponentiell gewachsene Geld fand allein in der Wirtschaft nicht mehr genügend Kreditnehmer. Nun gab es verschiedene Möglichkeiten: So hätte die Notenbank den Geldüberschuss einziehen können, um das Überangebot an Zahlungsmitteln einzudämmen. Weiterhin hätte sie die Leitzinsen senken können, sodass verliehenes Geld weniger Rendite abgeworfen hätte. Das hätte das Geldangebot gedrosselt. Beide Maßnahmen haben wir jedoch bereits als mögliche Auslöser einer deflationären Entwicklung kennen gelernt. Daher wurden sie lieber vermieden. Stattdessen sprang der Staat als Kreditnehmer ein. Durch Konjunkturmaßnahmen, finanziert mit Schulden, schaffte er sozusagen künstliche Nachfrage und verhinderte Arbeitslosigkeit. So kamen Unternehmen, private Haushalte und Staat zunehmend in die Schuldenfalle.
Hätte es eine andere Möglichkeit gegeben?
Nein, denn sonst hätte der Aufbau nie finanziert werden können. Eine endgültige Tilgung der Schulden war auch nicht möglich, weil auf der Kapitalseite die Geldverleiher Zinsgewinne zum größten Teil nicht konsumierten, sondern immer wieder anlegen wollten. Hätten sie dafür keine attraktive Möglichkeit gefunden – hätte also Niemand Kredite nachgefragt – dann wäre es vermutlich recht schnell zur Deflation gekommen. Der Zins, der Preis für verliehenes Geld, wäre auf ein unrentables Niveau gefallen. Das Geld wäre dann einfach nicht mehr investiert worden. Wer bringt denn sein Geld zur Bank, wenn diese keine Rendite verspricht? Nur durch den Staat, der immer schneller Schulden aufnahm und Konjunkturmaßnahmen startete, konnte bisher eine Deflation vermieden werden.
Hier stellt sich die Frage, wie die Situation heute konkret aussieht.

„Eine Lüge ist bereits dreimal um die Erde gelaufen, bevor die Wahrheit die Schuhe anzieht."
Mark Twain

Warum der Staat sich nie entschulden kann

Die Staatsverschuldung steigt inzwischen dramatisch. Die EU-Kommission rechnet für Deutschland vor, dass die Schulden bereits im Jahr 2050 bei 400 Prozent des Bruttosozialprodukts liegen werden – gegenüber 60 Prozent heute. Der Weg in die Überschuldung ist vorprogrammiert. Zur Beruhigung ist immer die Rede davon, dass der Staat „sparen" müsse, um seine Schulden abzubauen. Schon vor Jahren wurde verlautbart, dass wir bereits im Jahr 2006 die Staatsschulden reduzieren werden. Jetzt ist klar geworden, dass dies in der heutigen rezessiven Phase kaum möglich sein wird. Bleibt die Frage: Warum kann sich kein Staat dauerhaft entschulden?

„Ich darf uns gratulieren, Herr Minister ...
Noch einige unwesentliche Korrekturen am Dynamo,
dann haben wir das Optimum aus unserem
Staudammprojekt herausgeholt !"

Vermögenszuwachs hier heißt Schuldenzuwachs dort

Zuerst muss man erkennen, dass hinter jedem Schulden-Euro auch ein Vermögens-Euro steht. Schulden kann es nur

geben, wenn es auch Vermögen gibt, das verliehen wird. Was Einer mehr hat, muss ein Anderer weniger haben. Unsere Geldvermögen sind verzinst angelegt, vermehren sich also jedes Jahr um den Zinssatz.
Weil das so ist – laut Bundesbank stammen 80 Prozent des Zuwachses an Geldvermögen nur aus wieder angelegten Zinsgewinnen – muss auch die Verschuldung um den gleichen Beitrag zunehmen. Es kann nur jemand Geld anlegen, wenn ein anderer bereit ist, sich genau um diesen Betrag zu verschulden. Wenn also die Geldvermögen durch den Zins rein mathematisch wachsen, so müssen zwangsläufig auch die Schulden zunehmen.

Der Joker Geld ist Produkten und Leistungen überlegen
Wer Geld hat, ist besser dran als jemand, der Waren hat. Was würden Sie bevorzugen: eine Millionen Euro in bar oder einen Kartoffelberg im gleichen Wert? Klar, das Geld natürlich. Es hat zwar aktuell den gleichen Wert, ist den Kartoffeln aber dennoch überlegen, weil deren Wert mit der Zeit fällt und weil man mit Kartoffeln nicht so universell tauschen kann wie mit Geld. Hier zeigt sich auch, dass unser heutiges Geld in seiner Funktion als Tauschmittel falsch konstruiert ist, da es reale Werte nicht richtig abbildet. Der Kartoffelberg ist beispielhaft für die meisten anderen Sachwerte und Dienstleistungen. Sie verderben, verursachen Lagerkosten oder werden schlicht unmodern – nicht so das Geld. Wer mehr davon hat, als er momentan benötigt, ist also im Vorteil gegenüber allen anderen Marktteilnehmern. Denn er kann es sich mit Zinsen bezahlen lassen, wenn er sich eine Zeit lang davon trennt. Nach vorherrschender Meinung wird der Zins als Risiko- und Inflationsausgleich angesehen und somit gerechtfertigt. Einer genauen Betrachtung hält diese Argumentation nicht stand. Sie greift einfach zu kurz. Denn das Risiko ist bereits al Risikozuschlag im Zins eingepreist, und die Inflationsrate ist in aller Regel deutlich niedriger als der marktübliche Zinssatz. Durch den Zins sammelt sich immer mehr Geld bei denen, die ohnehin schon viel davon haben. Wer nun Geld braucht, wie Unternehmer und Häuslebauer, muss Zinsen

zahlen. Nur durch Zinszahlungen der Verschuldeten an die „Geldgeber" kommt das Geld wieder in Umlauf. Hier zeigt sich der zweite gravierende Fehler unseres Geldes: Wer es hat, kann damit machen, was er will, es gibt keine Einschränkungen für das Geld als privates Eigentum. Andererseits muss das Geld eine öffentliche Funktion erfüllen, weil die Volkswirtschaft es ja braucht. Ein Zinssystem bedeutet daher automatisch Verschuldungszwang. Dies wird oft leider nicht klar gesehen, weil man davon ausgeht, dass kein Einzelner gezwungen wird, sich zu verschulden. Man darf Einzelne aber nicht mit der gesamten Volkswirtschaft verwechseln, die sich verschulden muss – und das überall auf der Welt!

Verschuldete sich niemand mehr, kein Unternehmen, kein Staat, kein Privatmann, müssten die Notenbanken den Zins unter die sogenannte Liquiditätsgrenze senken, und schon würde sich das Geld vom Markt zurückziehen, also nicht mehr investiert werden. Hier würde dann die Spirale von Geldknappheit und Deflation mit den bekannten Folgen einsetzen: Arbeitslosigkeit, soziale Krisen und am Ende Krieg.

Der Verschuldungszwang ist Teil des Systems

Die Annahme, eine Volkswirtschaft könne langfristig unverschuldet bleiben, also wie eine Privatperson frei wählen, ob sie Kredite nimmt oder nicht, ist ein fataler Irrtum. Man darf nicht vergessen, dass der Zins zu einem Verschuldungszwang zwar nicht des einzelnen Bürgers, aber der Volkswirtschaft als Ganzem führt. Eine Privatperson kann natürlich frei entscheiden, ob sie Schulden machen will oder nicht, aber die Volkswirtschaft als Ganzes muss sich verschulden, wenn Geld Rendite bringen soll. Die Möglichkeit, Geld gegen Zinsen zu verleihen, ist ein typisches Charakteristikum (nicht nur) kapitalistischer Wirtschaften und wird allgemein als Selbstverständlichkeit betrachtet. Für ganz so selbstverständlich sollte der Leser dies aber nun nicht mehr halten.

Anders der Kredit an sich: Neubauten oder Unternehmensgründungen erfordern nun einmal Kapital, das wiederum nur durch Kredite verfügbar gemacht wird. Eine Volkswirtschaft, in der keine Kredite mehr möglich wären, würde sehr schnell ins Hintertreffen geraten. Innovative Ideen und Konzepte könnten nicht mehr umgesetzt werden! Der Kredit selbst ist somit eine gute Sache. Problematisch ist lediglich der den Mängeln unseres Geldes entspringende Zins. Er allein ist Ursache des Verschuldungszwangs: Wenn zu viele Privatpersonen und Unternehmer auf Kredite verzichten, sich also nicht verschulden, muss der Staat einspringen und Kredite aufnehmen, um deflationäre Tendenzen im Keime zu ersticken. Bei Unterschreiten eines Mindestzinses zieht sich das Geldkapital von allen Investitionen zurück, wie das beispielsweise in Japan geschah.

„Zur Erinnerung: In schlechten Zeiten haben die Konsumenten als Masse weniger Geld zur Verfügung. Zum einen auch, weil viele arbeitslos sind. Dieses Geld ist Geld, welches dem Markt, den Produzenten und dem Einzelhandel weniger zur Verfügung steht. Das führt zu einem Preiskampf, der sich tendenziell belastend auf die Preise auswirkt. Sie konnten das in den letzten Jahren an dem Boom der Billigdiscounter erkennen. Diese sinkenden Preise führen aber in der Konsequenz dazu, dass die Produzenten immer preiswerter produzieren müssen, und somit Arbeiter entlassen. Das wiederum führt dazu, dass noch weniger Menschen Arbeit haben und noch weniger konsumieren können. Ein Teufelskreis.

Wenn dann auch noch der Staat spart, wird es bitter. Weil dann noch weniger Geld dem Markt zur Verfügung steht. Die Folge: Der Staat hat weniger Einnahmen und könnte auf die Idee kommen, noch mehr zu sparen – fatal.“

Finanznachrichten.de, 5.5.2006

Staatsverschuldung oder Krise

Bei kräftigen Investitionsprozessen, wie zum Beispiel nach einem Krieg, funktioniert das System ausgezeichnet. Die Wirtschaftsleistung wächst dann sogar schneller als die Geldvermögen. Das ist überhaupt kein Wunder, obwohl man dann von einem Wirtschaftwunder spricht. Aber dann sättigen sich die Märkte zusehend. Das prozentuale Wirtschaftswachstum flaut eher ab, während das prozentuale Wachstum an Anlagekapital ungefähr gleich bleibt. Hoch-

zinsphasen wechseln zwar mit Niedrigzinsphasen ab, eine Grundtendenz zu niedrigeren Zinsen besteht jedoch nicht. Irgendwann steht darum dem Angebot an Kapital eine schwindende Kreditaufnahme der Privaten und der Unternehmer gegenüber. Sobald jedoch die Liquiditäts - grenze, also ein gewisser Mindestzinssatz, der je nach konkreter Situation bei 1 bis 3 Prozent liegt, unterschritten wird, zieht sich das Kapital vom Markt zurück. Diese Situation will der Staat vermeiden und kann daher gar nichts anderes machen, als Schulden aufzunehmen und Konjunkturprogramme zu starten, um die sinkende Kreditaufnahme durch die Wirtschaft wieder auszugleichen.
Dadurch steigt der Zins wieder über die Liquiditätsgrenze.
Die Anleger sind mehr oder weniger zufrieden. So aber werden die Probleme nicht dauerhaft gelöst, sondern nur in die Zukunft verschoben: Je mehr die Überschuldung des Staates zunimmt, umso mehr steigt die Zinslast und umso größere Anteile der Steuereinnahmen müssen für den Kapitaldienst aufgebracht werden. Auch die Steuern zu erhöhen, ist kein Ausweg, weil das wiederum die Kaufkraft der Bevölkerung bzw. die Wirtschaftskraft der Unternehmen drückt. Die Politik insgesamt besitzt kaum noch echten Handlungsspielraum!

Massive Staatsverschuldung gegen den Crash
Hätte der Staat auch in Rezessionszeiten nie Schulden gemacht, dann wäre eine sich selbst verstärkende deflationäre Abwärtsspirale entstanden. Die Rezession wäre in eine Depression und schließlich in eine Wirtschaftskrise übergegangen, am Ende stünde vermutlich Krieg. Nur der starken Kreditaufnahme haben wir es also zu verdanken, dass wir nun schon weit mehr als ein halbes Jahrhundert in Wohlstand und Frieden leben. Das ist keineswegs ein Plädoyer für Staatsschulden, denn man darf die Realitäten nicht aus dem Auge verlieren. Selbstverständlich ist Verschuldung keine Lösung. Aber auch die vollständige Entschuldung hat ihre Tücken. Ein Beispiel: Rumänien baute in den 80er Jahren als einziges Land der Welt seine Auslandsschulden komplett ab. Die Folge war eine massive

Verarmung der Bevölkerung und am Ende eine blutige Revolution. „Entschulden" und „sparen" (ein schlechtes Wort für „kürzen") hört sich immer schön an, ohne dass dabei bewusst wird, dass ohne Staatsschulden alsbald ein Großteil der Nachfrage auf dem Markt wegfallen würde. Nur durch massive Staatsverschuldung und entsprechende Konjunkturprogramme konnte ein Crash immer wieder vermieden werden.

Fazit: Ein schuldenfreier Staat ist nur dann möglich, wenn die Ursache des überschießenden Geldvermögens, der Zins, vom Kredit entfernt wird. Dies ist nur durch grundlegend anders gestaltetes Geld möglich, ohne dass eine Wirtschaftskrise entsteht. Das Geld müsste beim Horten analog zu Waren und Dienstleistungen an Wert verlieren. Würde es der Wirtschaft zur Verfügung gestellt, müsste es seinen Wert behalten. Sie sollten erkennen, dass Kürzungen, irreführend als „sparen" bezeichnet, in einer Volkswirtschaft immer zur Deflation führen. Wenn also die Entscheidungsträger andeuten, dass in Zukunft der „Gürtel enger geschnallt werden muss", dann deutet das sehr stark auf eine deflationäre Zukunft. Ebenso sollten Sie Versprechen von Politikern, die Schulden abzubauen, als das sehen was sie sind: Politische Propaganda und Augenwischerei fürs Volk.

„Weil der Kapitalismus ähnlich einem Kettenbrief funktioniert, führen alle Sparappelle ins Verderben. Wenn der eine Teil der Unternehmen und Privatleute zu viel spart, kann der andere Teil seine Schulden nicht begleichen und geht Bankrott. Helfen kann dann nur noch der Staat. Er muss zusätzliche Schulden aufnehmen, damit das für die Zinszahlungen der Unternehmen und Privatleute benötigte Geld in den Wirtschaftskreislauf gelangt"
Die Zeit, 30.10.2003.

„Sparen" führt zu Deflation

Einen interessanten Aspekt brachte der Chefökonom der UN-Organisation UNCTAD Heiner Flassbeck zur Sprache, als er darauf hinwies, dass gerade „Sparmaßnahmen" eine Deflation erst richtig fördern[3]: „Die Parolen sind Programm: Wir müssen auf lieb gewordene Annehmlichkeiten verzichten, wir müssen den Staat verschlanken, wir müssen mehr arbeiten, Feiertage streichen, die Gesundheitskosten senken, Arbeitslosen weniger Geld geben, insgesamt billiger werden. Der unbändige Wille, den Gürtel enger zu schnallen, die Liebe zum Verzicht ist der Vater der Deflation; die Unfähigkeit, über diese Krankheit zu sprechen, ist ihre Mutter." Ganz recht, denn alle Arten von „Sparprogrammen" führen direkt und indirekt dazu, dass weniger Geld ausgegeben und damit auch weniger umgesetzt wird. Was das eine Unternehmen einspart, kann das andere nicht umsetzen. Deshalb kommen die Unternehmen insgesamt in eine Krise und sind gezwungen, die Preise weiter zu senken. Vor allem die Diskussion über die angeblich zu hohen Löhne und die Versuche, diese zu senken, verursachen Preissenkungen: „Nichts zeigt das besser als die zum Glaubenskrieg entartete Diskussion um Löhne und Lohnnebenkosten. Nichts, aber auch gar nichts lässt sich in Deutschland für die These vorbringen, die Löhne oder Lohnnebenkosten seien im Verhältnis zur Produktivität zu hoch. Eine niedrige Inflationsrate seit Jahrzehnten ist der beste Gegenbeweis, denn die Arbeitskosten sind die mit Abstand wichtigsten Kosten in einer Volkswirtschaft. Dies gilt heute mehr denn je." Die Löhne sind in der Tat der wichtigste Preis in einer Volkswirtschaft überhaupt. Sinken sie, dann sinkt automatisch die Kaufkraft und in Folge auch der Umsatz der Unternehmen, was wiederum sinkende Preise zur Folge hat. Flassbeck weiter: „Zwischen 1996 und 2002 stiegen die gesamten Arbeitskosten in Großbritannien pro Jahr nominal um 3,2 Prozentpunkte stärker als die Produktivität. In den USA lag dieser Wert bei 1,8, in Frankreich bei 1,1. In Deutschland stiegen die Arbeitskosten lediglich um 0,6 Prozentpunkte mehr als die Wertschöpfung. Nur das akut deflationäre Japan übertraf die Bundesrepublik mit einem Zurückbleiben der Arbeitskosten von 1,2 Prozentpunkten." Obwohl also die Löhne vor allem in Deutschland gegenüber der Wirtschaftsleistung keineswegs aus dem Ruder laufen, wird immer wieder behauptet, dass steigende Arbeitseinkommen das Problem wären. Flassbeck: „Ist das Zufall? Wo wollen all die Lohnsenker hin? Wer das Krankengeld allein die Arbeitnehmer zahlen lässt, senkt die Löhne. Auch wer den Beamten das Weihnachts- oder Urlaubsgeld streicht, Zahnersatz aus der Versicherung nimmt und Feiertage kassiert, senkt die Löhne. Jeder, der Lohnnebenkosten drückt, während die Löhne selbst nicht steigen, vermindert die Arbeitskosten in deflationärer Weise." Alle Sparbemühungen verstärken die Deflation, weil die Kaufkraft, die Quelle der Wirtschaft, vermindert wird.

Was Flassbeck jedoch nicht beachtet, ist der Umstand, dass unser Schuldensystem von vornherein auf eine Deflation zusteuert und die Sparprogramme erst eine Folge davon sind. Politiker dringen meist in tiefere ökonomische Zusammenhänge nicht ein und versuchen lediglich, die Wirtschaft zu sanieren. Sie verwechseln dabei Betriebswirtschaft mit Volkswirtschaft und meinen, wenn ein einzelner Betrieb durch Kürzungen seinen Schuldenstand reduzieren kann, müsse dies auch im Ganzen möglich sein. Sie übersehen, dass der einzelne Betrieb seine Lage nur auf Kosten anderer Betriebe verbessern kann. Wenn er beispielsweise Mitarbeiter entlässt, muss die Volkswirtschaft als Ganzes für deren spätere Ansprüche (Arbeitslosengeld bzw. -hilfe) aufkommen. Dies ist dauerhaft nur möglich, wenn die Wirtschaft intakt bleibt, also gerade nicht „spart". Kürzen alle, dann bricht auch für das Einzelunternehmen der Umsatz zusammen, und die Bemühungen laufen ins Leere. In einer ganzen Volkswirtschaft können per saldo die Kosten nicht abgewälzt werden. Deshalb würgen „Sparprogramme" die Wirtschaft zusätzlich ab.

Weil also in der Summe die Schulden kaum mehr abgebaut werden können und auch „Sparen" nur in die Krise führt, stecken wir in einer Art Teufelskreislauf.

„Wir lernen aus der Geschichte immer wieder, dass wir nichts lernen."
Henry de Montherlant

Der Teufelskreislauf aus Aufbau, Deflation und Krise

Nach einem Krieg oder einer Krise besteht verständlicherweise viel volkswirtschaftliches Aufbaupotenzial. Eine neue Währung kann sich dann schnell etablieren. Der Markt ist offen, und die Nachfrage nach allen Arten von Artikeln und Leistungen riesig. Egal, was jemand als Unternehmer produziert – es wird nachgefragt. Doch nach einigen Jahrzehnten werden die Märkte langsam gesättigt, und es wird schwerer Geld zu verdienen. Dann gewinnen Branchen wie Werbung und Vertrieb an Bedeutung. Sie helfen, Produkte an den Mann oder die Frau zu bringen, welche diese von sich aus eigentlich gar nicht wollen. Dies war und ist auch in Deutschland deutlich zu beobachten, Privatfernsehen, Strukturvertrieb und „Drückerkolonnen" sind nur einige Stichworte. Trotzdem steigt die Arbeitslosigkeit, und die Schulden, die in der Aufbauphase gemacht wurden, drücken. Noch sorgt der Staat durch schuldenfinanzierte Konjunkturmaßnahmen für Ruhe. Wie wir gesehen haben, hat er auch gar keine andere Möglichkeit. Entweder er riskiert sofort eine Deflation, oder er verschiebt diese Gefahr in die Zukunft. Doch wenige Jahrzehnte später ist dann auch der Staat so überschuldet, dass von ihm keine Unterstützung mehr möglich ist. Er versucht vielleicht noch, sich dadurch zu sanieren, indem er die Steuern und Abgaben erhöht, wodurch die Kaufkraft der Bevölkerung sinkt. Dann aber kommen mehrere Probleme zusammen: gesättigte Märkte, hoch verschuldete Unternehmen, überschuldeter Staat, sinkende Kaufkraft der Bevölkerung.

Jetzt gibt es keinen Ausweg mehr aus der Krise: Die Schulden steigen immer weiter, Staat und Unternehmen „sparen" und setzen damit eine verhängnisvolle deflationäre Abwärtsspirale in Gang. Wenn alle „sparen", dann wird immer weniger investiert, dann sinkt die Kaufkraft. Das senkt die Umsätze bei den Unternehmen und in Folge die Steuereinnahmen des Staates, was weitere „Sparprogramme" nach sich zieht. Einen Ausweg aus diesem Dilemma

gibt es dann nicht mehr, es sei denn, das ganze System wird umgekrempelt. Doch dies geschieht aus Unvermögen und praktischen Gründen nicht. Die Krise wird schlimmer und schlimmer und bringt letztlich die gesamte Wirtschaft beinahe zum Stillstand. Die Preise insgesamt sinken. Vor allem Immobilien, Grundstücke und Unternehmen fallen massiv im Wert. Wenn nichts Grundlegendes unternommen wird, kann eine Deflation beinahe unbegrenzt weiterbestehen. Wie die Geschichte jedoch zeigt, wurde die Not meist so groß, dass Kriege vom Zaum gebrochen wurden, um für das Kapital wieder Anlagemöglichkeiten zu schaffen. Dabei wurde Rüstung gewissermaßen mit Inflation bezahlt, und am Ende kam der Währungsschnitt, und mit dem Wiederaufbau begann der Zyklus von Neuem. Hier nochmals der besseren Übersicht wegen die deflationäre Abwärtsspirale in Stichworten:
Vor einigen Jahrzehnten war der Schuldendienst noch relativ harmlos. Mit dem durch das Zinssystem bedingten zunehmenden „Aufschaukeln“ zwischen Kapital hier und Schulden dort kam es zu einer Umverteilung des Geldes in die Kassen der wohlhabenden und reichen Kapitalgeber. Obwohl die Zentralbanken laufend neues Geld herausgaben, fehlt heute Geld beim Staat, bei den Städten und Gemeinden, in der Wirtschaft und bei einer großen Mehrheit der Privathaushalte. Damit kommt es zu einem Teufelskreis:

- Der Staat reagiert auf seine Kapitalkosten mit steigenden Steuern und Abgaben oder Neuverschuldung.
- Die Wirtschaft entlässt Arbeitnehmer und ist durch immer mehr Insolvenzen gekennzeichnet.
- Sogar die Banken geraten unter Druck, weil sie ihre an die Wirtschaft vergebenen Kredite nicht mehr zurückbekommen.
- Die Privathaushalte reagieren mit Konsumverzicht.
- Die Unternehmen setzen weniger ab und müssen noch mehr Leute entlassen oder die Löhne kürzen.

- Dadurch sinkt das Steueraufkommen des Staates und zwingt ihn zu weiteren Steuererhöhungen oder weiterer Neuverschuldung.
- Aktienkurse fallen, und auch scheinbar sichere Anleihen verlieren an Wert, weil die dahinter stehenden Staaten und Unternehmen ihre Zahlungsfähigkeit verlieren.

Bedenken Sie, dass diese Entwicklung völlig unabhängig von den jeweiligen gewählten Politikern, von der Denkweise der Bevölkerung, von Optimismus oder Pessimismus verläuft. Zwar kann Optimismus Anleihen und Aktien kurzfristig einen Wertzuwachs ermöglichen. Die Auswirkungen auf die Realwirtschaft bleiben jedoch gering, da es sich ja hier in erster Linie um Handelsereignisse dreht. Langfristig würgt die Deflation jegliches „positive Denken“ ab. Bei der Diskussion über eine Deflation gibt es zwei wichtige Begriffe, die Sie unbedingt kennen sollten: Liquiditätsfalle und Kreditklemme.

„Die Liquiditätsfalle ist das Trauma der Geldpolitik. Der Begriff umschreibt eine Situation, in der der Versuch der Notenbank, durch ein größeres Geldangebot der Wirtschaft neue Wachstumsimpulse zu geben, wirkungslos verpufft, da das Geld nicht wieder in den Geldkreislauf gelangt, sondern von Unternehmen und Haushalten gehortet wird. Voraussetzung hierfür ist ein Zinsniveau nahe null, sodass die Notenbank ihre Zinsen auf Grund des erreichten niedrigen Niveaus nicht mehr weiter senken kann.“

Bundesverband Deutscher Banken 6/2003

Die Liquiditätsfalle

Wenn Sie das Phänomen „Deflation“ verstehen wollen, dann sollten Sie auch erkennen, was es mit der Liquiditätsfalle auf sich hat. Dieser Begriff tauchte ja schon mehrmals auf. Vielleicht fragen Sie sich, warum in einer Deflation, in der doch alles billiger wird und die Kredite zu Niedrigzinsen angeboten werden, nicht mehr investiert wird. Man

könnte doch billig einkaufen mit günstigem Kredit. Warum fallen überhaupt die Zinsen so stark in der Deflation?
Beginnen wir mit dieser Frage! Warum also fallen die Zinsen in einer Deflation?
Nun, stellen Sie sich vor, Sie wären ein reicher Geldbesitzer und möchten Ihr Kapital gerne renditeträchtig verleihen. Angenommen, Sie würden in den nächsten Jahren eine Inflation von 3 Prozent erwarten. Welchen Zins würden Sie fordern? Klar, möglichst mehr als 3 Prozent, schließlich wollen Sie Ihr Geld „über die Inflation retten". Damit ist sicher, dass Sie am Ende nicht weniger Kaufkraft haben. Genau nach diesem Muster wird auch der Zins auf dem Markt festgelegt. Das heißt, dass jedes Mal, wenn die Inflation steigt, auch der Zins nach oben geht, also die Inflationsrate einfach auf den Zins draufgeschlagen wird. Der Unterschied zur Inflationsrate wird Realzins genannt und bleibt immer relativ konstant. Dies sehen Sie ganz deutlich, wenn Sie die Entwicklung von Zinsniveau und Inflationsrate vergleichen. Genau umgekehrt sieht es in einer Deflation aus. Da steigt der Wert des Geldes, weil die Preise fallen. Deshalb reduziert sich auch der Zins um die Deflationsrate. Der Realzins bleibt ebenfalls relativ konstant. Und nun kommen wir zur Liquiditätsfalle: Wenn die Deflationsrate stärker wird und die Preise immer schneller fallen, dann haben Sie immer weniger Anreiz, Ihr Geld überhaupt noch anzulegen. Warum das Geld für kleine oder gar keine Zinsen anlegen und den ganzen oder teilweisen Verlust in einer Krise riskieren, in der die Einlagensicherung überfordert ist? Dann doch lieber das Geld im Banksafe liegen lassen. Warum ein Risiko eingehen für eine Minimalverzinsung? Je kleiner also der Zins wird, umso weniger wird investiert, umso mehr zieht sich das Kapital vom Markt zurück. Wenn der Zins sehr niedrig ist, dann wird überhaupt nicht mehr investiert – das ist die Liquiditätsfalle! Es ist dann vorteilhafter, das Geld „liquide", also flüssig oder schnell verfügbar zu halten, als irgendeine riskante Investition zu tätigen.
Die Liquiditätsfalle wurde von dem Volkswirt Keynes schon vor über 60 Jahren erkannt. Sie besitzt eine Liquidi-

tätsgrenze, also einen Zinssatz, der mindestens nötig ist, um das Geld im Umlauf zu halten. Unterhalb dieser Grenze wird das Geld zurückgehalten. Der Geldkreislauf stockt, die Wirtschaft gerät in eine Krise und die Deflation verstärkt sich mehr und mehr. Viele Menschen verfallen dem Irrtum, anzunehmen, dass bei niedrigeren Kreditzinsen die Kreditaufnahme und damit die Investitionen steigen müssten. Genau das Gegenteil passiert in der Deflation: Denn erstens ist der Kapitalmarktzins dann zu klein, um Bereitschaft zum Verleih zu wecken.

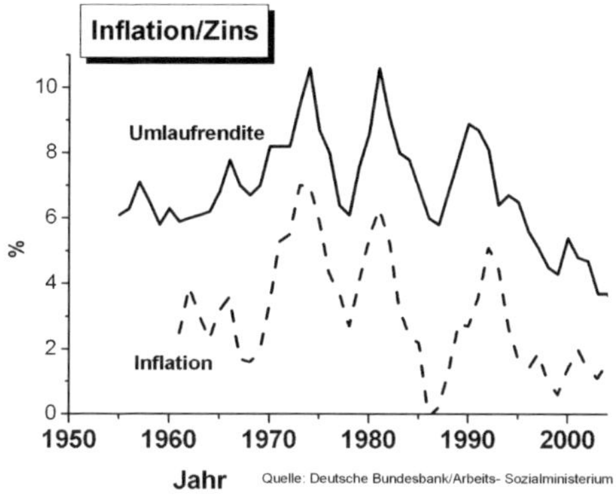

Abb. 2:. Entwicklung Umlaufrendite festverzinslicher Wertpapiere und Inflation

Und zweitens ergibt sich auch bei Nichtverleihen ein positiver Realzins – er ist gleich der Deflationsrate.

„Ein Kluger bemerkt alles,
ein Dummer macht über alles Bemerkungen."
Heinrich Heine

Die Kreditklemme

Ein weiterer Begriff ist für eine Deflation bezeichnend: Kreditklemme oder „credit crunch". Was sich harmlos anhört, hat unmittelbar mit der Liquiditätsfalle zu tun. Eine

Kreditklemme entsteht dann, wenn die Banken immer weniger Kredite vergeben, weil sie befürchten, dass diese nicht mehr zurückgezahlt werden. Es bekommt dann niemand mehr Kredit, außer er würde sehr hohe Zinsen zahlen oder sehr große Sicherheiten bieten. Auch das führt dazu, dass der Geldkreislauf gestört wird. Es fehlt dann an Kapital zum Investieren, was die Wirtschaft weiter einbrechen lässt. Mehr und mehr Unternehmen geraten in Schwierigkeiten, weil sie sich nicht mehr refinanzieren können. Verbunden damit ist ein Anwachsen der Pleitewelle, was wiederum die Kreditsicherheit gefährdet und die Banken zu noch restriktiverer Kreditvergabe zwingt. Das Ganze ist ein Teufelskreislauf, der die Deflation verstärkt.
Und tatsächlich: Die Banken vergeben seit 2002 immer weniger Kredite. Teilweise werden Unternehmen sogar die Kreditlinien gekündigt. Die Gewinne der Banken sind im Zuge der Börsenkrise (weniger Provisionen und Transaktionsgebühren, praktisch kein Geschäft mehr mit Börsengängen), sinkender Zinsen und somit auch Vermittlungsgebühren geschmolzen. Zudem sind immer mehr Kredite von insolventen Firmen nicht mehr eintreibbar. Dazu kommt, dass das neue europaweite Basel-II-Abkommen den Banken für vergebene Kredite je nach Risikoklasse des Schuldners höhere Eigenkapitalbestände vorschreibt. Die Folgen sind klar: Es werden nur noch zögerlich Kredite vergeben, damit kommt der Geldkreislauf ins Stocken. Firmen gehen bankrott, Kredite fallen aus, noch weniger wird verliehen usw.
Einen weiteren Schlag erlitt das Kreditgeschäft im Sommer 2007, als in den USA die Immobilienspekulation anfing zusammenzubrechen und zunehmend auch europäische Banken durch spekulative Verflechtungen mit den USA in Schwierigkeiten gerieten. Das ging so weit, daß sich Banken untereinander weigerten, sich gegenseitige Kredite einzuräumen, aus Angst davor, die andere Bank könnte aufgrund der Verflechtungen bankrott gehen. Wenn sich jedoch Banken gegenseitig nicht mehr vertrauen – warum sollten wir das dann tun?

„Wenn aufgrund der hohen Energie und Nahrungsmittelpreise immer weniger konsumiert wird, haben die Unternehmen keine Chance, die gestiegenen Herstellungskosten auf den Verbraucher umzuwälzen. Es könnte folgend zu einer Deflation der Konsumgüterpreise des mittleren und langfristigen Bedarfs kommen, bei gleichzeitiger Inflation der Energie und Nahrungsmittelpreise. ... Die Unternehmen werden dieser Entwicklung dann lediglich durch Kostenreduzierungen entgegenwirken können, sprich, es werden wieder mehr Menschen entlassen. Das wiederum wirkt sich verschärfend auf den sowieso geschwächten Konsum aus. Die Spirale dreht sich weiter."
FinanzNachrichten.de vom 4.9.2007

Zusammenfassung

Sie wissen jetzt, was Deflation bedeutet. Es kommt auf Ihre Ausgangsposition an, ob eine solche Krise für Sie von Nutzen oder von Schaden ist. Für die breite Masse ist Deflation die größte Bedrohung, während Inflation in ihren Auswirkungen überschätzt wird. Unser Wirtschaftssystem steuert zwangsläufig auf eine Deflation zu, weil die Schulden samt Zinslasten viel schneller zunehmen als die Wertschöpfung. Der Bankrott ist vorprogrammiert. Vorbote ist die zurückgehende umlaufende Geldmenge – Deflation. Auch jeder Crash ist immer eine Deflation, nicht wie viele meinen eine Inflation. Der Staat hat gar keine andere Möglichkeit, als sich immer weiter zu verschulden, weil jeder Rückgang der Schuldenaufnahme sofort zu einer Krise führen würde. Alle sogenannten Sparmaßnahmen, also in Wirklichkeit Kürzungen, verstärken die Deflation, weil sie zu Stockungen im Wirtschaftskreislauf und Nachfrageausfällen führen. Es handelt sich dabei um einen regelrechten Teufelskreislauf aus Wiederaufbau, extremer Steigerung der Verschuldung, Deflation und Krise. In der Krise entstehen automatisch eine Liquiditätsfalle und eine Kreditklemme, was das Desaster noch weiter verstärkt.

Nun stellt sich die Frage, welche Indizien es heute gibt, dass es wirklich zu einer Deflation kommt.

„Nach Ansicht vieler Experten steht gerade die Preissituation in Deutschland auf Messers Schneide. Ein Deflations-Check der Citigroup erbrachte, dass bei der größten Volkswirtschaft (Deutschland d. Autor) Europas mit einem starken Preisrückgang von Aktien und Immobilien, einer fehlenden Währungsautonomie sowie einem Politikversagen alle vier Risikofaktoren gegeben sind."

Die Welt, 17.5.2003

Indizien für die Deflation

Nachdem Sie nun erkannt haben, dass sich die Volkswirtschaft immer weiter verschulden muss und auch der Staat keine Möglichkeit hat, der Schuldenfalle zu entgehen, wird Ihnen auch deutlich werden, dass wir tatsächlich zwangsläufig einer deflationären Krise entgegengehen. Doch woran erkennt man heute schon die fatale Entwicklung?

Schauen Sie sich um: Überall sehen Sie Schnäppchenangebote, Räumungsverkäufe und Dauerbillig-Angebote. So erklärte beispielsweise die Edeka-Gruppe, dass sie mit neuen Billigangeboten den Konkurrenten Paroli bieten wolle.[4] Wie massiv der Druck auf die Preise ist, wird auch daran deutlich, dass etwa der Discounter Aldi seine Lieferanten für Frischmilch unter Druck setzte und sie vor die Wahl stellte, entweder Preissenkungen zu akzeptieren oder ausgelistet zu werden.[5] Intel kündigte im Jahr 2006 an, seine Preise für Computerchips um 60% zu senken und eröffnete damit einen Preiskampf in der Branche.[6] Ähnlich war es bei den Autoverkäufern, welche von den Herstellern dazu gezwungen wurden, kleinere Gewinnmargen und ungünstigere Konditionen zu akzeptieren.[7] Bei den Autoherstellern wurde bekannt, dass nur noch ein geringer Teil der Neuwagen direkt an Kunden verkauft wird. Ein guter Teil wird kurze Zeit auf einen Händler zugelassen und danach als Billig-Angebot wesentlich unter dem Listenpreis verkauft. Rechnet man dazu noch die ganzen Rabatte oder Sonderausstattungen die es zum Neuwagen dazugibt, liegen die wirklich erzielten Preise beim Autokauf erheblich unter dem, was die Listenpreise vorgaukeln.[8] Mitte 2007 wurde von den Medien bereits von „purzelnden Neuwagenpreisen“ berichtet. Von den Herstellern wurden bis zu 8000 Euro Preisnachlaß angeboten.[9] Nicht besser sieht es auf dem angeblich „boomenden“ Markt für Öko-Energie aus: Bereits im Jahr 2007 brachen dort die Umsätze um bis zu 50% ein.[10] Vor allem in der Reisebranche ist der Preisdruck enorm. Im Jahr 2001 wollten die Veranstalter noch durch Verzicht auf Preissenkungen die unheilvolle Entwicklung aufhalten – mussten jedoch wenige Jahre später wegen gesunkener Nachfrage durch die Konjunkturverschlechterung anders reagieren.[11] Nur 2 Jahre später mussten die Reise-Veranstalter das Preisniveau dennoch um bis zu 20 Prozent senken. Der Preis für Hotel-Übernachtungen sanken in Europa allein im Jahr 2005 um fast 9%.[12] Oder denken Sie daran, daß im Jahr 2003 zum ersten mal seit den sechziger Jahren auf dem Münchener Oktoberfest der Bierpreis nicht erhöht wurde. In der Baubranche sieht es noch schlimmer aus: Der Preis für Zement ist innerhalb zweier Jahre auf die Hälfte eingebrochen.[13] All diese Billigangebote und Preissenkungen verunsichern die Verbraucher. Jeder ärgert sich darüber, wenn er etwas kauft und es am nächsten Tag weniger kostet. Diese Angst vor Enttäuschung führt dazu, dass Käufe ständig verschoben werden. Oder würden Sie heute beispielsweise neue Möbel kaufen, wenn Sie annehmen könnten, dass schon morgen ein neues Schnäppchen-Angebot für genau diese Stücke erscheint?

Beachten Sie auch Ihren Briefkasten: Sie erhalten immer mehr Werbung. Das ist ein untrügliches Zeichen dafür, dass die Unternehmen Absatzprobleme haben und nur noch mit psychologischen Tricks angemessenen Umsatz machen können. In einer stabilen Marktwirtschaft braucht es nur einer gewissen Werbung, um einen Betrieb am Laufen zu halten. Die heutige Werbeflut spricht deshalb für einen gesättigten Markt – der über kurz oder lang zu einem ruinösen Wettbewerb und fallenden Preisen führen muss.

Ein deutlicher Hinweis auf deflationäre Tendenzen sind auch die sinkenden Immobilienpreise und vor allem die Zwangsversteigerungen. Anders als bei Konsumgütern wird hier die langfristige Entwicklung des Preisniveaus vorgezeichnet. So stieg die Anzahl der zwangsversteigerten Objekte schon im Jahr 2002 auf einen nie zuvor gekannten Rekordstand von fast 88.000. Das waren zehn Prozent mehr gegenüber dem Vorjahr. Im Jahr 2005 waren es dann schon über 92500 Zwangsversteigerungen. Auch die Immobilienpreise fallen. So ergab eine Studie des Magazins Focus, dass in den nächsten Jahren fast überall sinkende Immobilienpreise zu erwarten sind. Teilweise sanken die Preise schon vor einigen Jahren beispielsweise in Ulm oder Regensburg um 11 bzw. 12 Prozent.[14] Noch deutlicher wird die Deflation anhand der explodierenden Firmenpleiten. Weil die Umsätze einbrechen und die Kreditkosten drükkender werden, bleibt vielen Betrieben nur noch die Insolvenz. So gingen schon im Jahr 2005 fast 38.000 Unternehmen bankrott.[15] Oder sehen Sie sich den Abbau des Services vor allem der ehemaligen Staatsbetriebe an: Da werden in kurzer Folge durch die Deutsche Post AG Briefkästen beseitigt, Filialen geschlossen, Postfachanlagen liquidiert und Dienstleistungen eingestellt. Ebenso bei der Deutschen Telekom AG, welche Telefonzellen beseitigte. Dies alles geschieht unter dem wachsenden Kostendruck, vor allem von der Kreditseite her.

Doch auch die offiziell ausgewiesene Inflationsrate spiegelt die fallende Preistendenz wider: In den USA fiel 2003 beispielsweise die Kerninflation auf den tiefsten Stand seit 1966. Mit Ausnahme der Energiepreise konnte gar keine Inflation bemerkt werden.[16] Trotz der vierten Rabattwelle in den USA ignorierten die Verbraucher die Preissenkungen und kauften immer weniger Autos.[17] Der Internationale Währungsfonds (IWF) warnte sogar schon davor, dass Deutschland sich in einer Hochrisiko-Kategorie befinde und die Wahrscheinlichkeit für eine Deflation innerhalb von einem Jahr beträchtlich sei.[18] Es wurde argumentiert, dass die Inflationsrate in Deutschland nur noch 1 Prozent betrage, während die Lohnstückkosten (der Lohn für die Produktion von Produkten) im Durchschnitt der vergangenen fünf Jahre nur um 0,75 Prozent gestiegen war. Weil jedoch niemand investiert, wenn alles immer billiger wird (um auf noch günstigere Preise zu warten) bewirke dies, dass die reale Inlandsnachfrage sinke und das Bruttoinlandsprodukt im dritten Jahr in Folge hinter dem Produktionspotenzial zurückbleibe. Weiter wurde neben der Rekordzahl von Unternehmenskonkursen auch auf den tiefgreifenden Umstrukturierungsprozess der Banken und Versicherungen hingewiesen. Das Kreditwachstum sei hinter der Kreditnachfrage zurückgeblieben, und die Exportstärke reiche nicht aus, um eine plötzliche Verschlechterung der Inlandsnachfrage auszugleichen. Die Unternehmen selbst befänden sich in der Klemme und hätten sich mit ihrer Preissenkungspolitik in eine fatale Abwärtsspirale manövriert.

„Nach den Worten des OECD-Chefvolkswirts trifft die Ölverteuerung den Euro-Raum besonders hart, weil die Wirtschaft ohnehin an einer "chronischen Nachfrageschwäche" leide. Die Konjunkturflaute bremse die Teuerung; dies könne den Preisschub durch höhere Energiekosten mehr als wettmachen. Lasse man die Energiepreise und andere Sonderfaktoren außen vor, läge die verbleibende Inflation im Euro-Raum bereits jetzt auf Rekordtief, sagte Cotis".
(Financial Times Deutschland, 7.9.2005)

Die Preissenkungspolitik

Inzwischen merkt das auch die Wirtschaft und lässt ihren Werbeagenturen freien Lauf für exzessive Werbung ausschließlich mit dem Argument niedriger Preise: Mit dem Slogan „Geiz ist geil" macht beispielsweise der Elektronikhändler Saturn seine Niedrigpreise bekannt. Und in der Presse ist zu lesen, dass jetzt sogar Promis in Billigläden, wie Aldi, Lidl oder Plus einkaufen. Damit wird der Eindruck von Normalität für Niedrigpreise erweckt. Das ist jedoch eher eine Verharmlosung. Denn eines Tages dürften für viele Konsumenten auch die Minipreise zu Maxipreisen geraten: dann nämlich, wenn auch deren Bezüge zu Minilöhnen verkommen sind. Mit all diesen Preissenkungen wird beim Käufer eine Erwartungshaltung ausgelöst. Er denkt: „Wenn die Preise nun gesenkt werden, dann heißt das, dass ich bisher zu teuer eingekauft habe." Wird hinterher wieder versucht, das Preisniveau anzuheben, so treten die Kunden in den Käuferstreik, weil sie entweder auf das nächste Schnäppchen warten oder sich betrogen fühlen. Dabei ist es gar nicht wichtig, ob die Preise wirklich real gesenkt wurden oder ob nur dieser Eindruck entstand. Entscheidend sind die Folgen für die Denkweise der Käufer. Je mehr Schnäppchenpreise oder Sonderangebote, umso mehr zusätzliche Preissenkungen werden erwartet. Die Unternehmen treiben mit solch einer Politik ihre eigenen Preise und Gewinne nach unten. Jedoch bleibt ihnen kein anderer Ausweg.

Ein zusätzlicher Antriebsmotor für die Deflation wurde mit der Abschaffung des Rabattverbots im Jahr 2001 geschaffen. Vorher war es bis auf wenige Ausnahmen verboten, Rabatte über einem bestimmten Prozentsatz einzuräumen. Nun kann der Kunde wie auf dem Basar die Preise frei aushandeln und auf ein tieferes Niveau drücken. Das freie Aushandeln von Kaufpreisen wäre an sich nicht das Problem. Nur wenn eine deflationäre Entwicklung erst einmal beginnt, wird diese Tendenz damit natürlich noch weiter verstärkt. Die Unternehmen haben dabei keine Möglichkeit mehr, weitere Preiserhöhungen durchzusetzen. Würde dies ein Betrieb oder Händler versuchen, so müsste er kräftige Umsatzeinbußen hinnehmen. Die Firmen sind also auf Gedeih und Verderb auf Preissenkungen angewiesen, weil sich anders gar keine Kunden mehr anlocken lassen.

Viele Menschen nehmen irrtümlich an, dass bei fallenden Preisen die Leute mehr kaufen würden, weil doch alles plötzlich so billig ist. Doch genau das Gegenteil trifft zu: Es wird immer weniger gekauft in Erwartung künftig noch niedrigerer Preise. Das gesamte Preisniveau schraubt sich selbständig nach unten und ruiniert mehr und mehr Unternehmen.

Doch nicht nur direkt fallende Preise zeigen deflationäre Tendenzen an, sondern auch die Kaufgewohnheiten: So betrug der Anteil bei der Zulassung von neuen Autos im Jahr 1995 für Privatleute noch über 62%. Dieser Anteil ging bis zum Jahr 2007 auf 37,6% zurück.[19] Das heißt: Der

normale Bürger kauft immer weniger neue Autos – ein deutliches Indiz für zurückgehende Massenkaufkraft und in Folge davon Deflation.
Weil der Markt schwächelt und damit die legalen Verdienstmöglichkeiten insgesamt schwinden, nehmen illegale Praktiken mehr und mehr zu.

„Eigentlich ist es gut, dass die Menschen der Nationen unser Banken- und Währungssystem nicht verstehen. Würden sie es nämlich, so hätten wir eine Revolution noch vor morgen früh."
Henry Ford

Der Weg in die Betrugsgesellschaft

Wenn die Verdienstmöglichkeiten kleiner werden, bleibt nur noch der Betrug übrig, um zu Geld zu kommen. In einer Deflation wird der Markt insgesamt immer kleiner, weil auch die Geldmenge, die investiert wird, kleiner wird. Während in den 60er Jahren Geld noch einfach zu verdienen war, müssen Sie heute als Arbeitnehmer, Freiberufler oder Unternehmer oft alle Register ziehen, um überhaupt noch etwas zu bekommen. Hier auf „Marktnischen" zu verweisen, geht fehl, da die Kaufkraft der Leute immer weiter abnehmen und sie auch diese wenigen Nischenprodukte bald nicht mehr kaufen wird.
Was in solch einer Phase aufkommt, ist der halblegale und illegale Betrug. Schon immer waren Krisenzeiten auch Zeiten hoher Kriminalität. Nur so kann man andere noch um Geld oder Gut erleichtern. Noch halten sich Delikte wie Diebstahl, Erpressung, Raub oder Raubmord in den gewohnten Grenzen. Die ersten Anzeichen für ansteigende Kriminalität kommen auf modernem Weg – über die Telefonleitung. Denken Sie nur an die „0190er-Abzocke", die nun glücklicherweise gesetzlich erheblich eingedämmt wurde. Oder betrachten Sie unerwünschte Werbe-E-Mails: Inzwischen sollen 80 Prozent des weltweiten E-Mail-Verkehrs nur noch daraus bestehen (Stichwort: Spamming). Wenn nur jeder Tausendste auf das Angebot an-

springt, reicht es schon. Das nutzen oftmals Betrugsfirmen, welche nur das Geld kassieren, ohne Leistung zu erbringen. Da die Menschen zunehmend solche Mails sofort löschen, gehen die Betreiber dazu über, sie als wichtige Botschaft zu tarnen.

Ein anderes Beispiel sind absichtliche oder unabsichtliche Vorgänge bei Telefonfirmen, die grundlos Mahnungen versenden, manchmal mit Drohung von einem Rechtsanwalt, um erschrockene Kunden zu unberechtigten Zahlungen zu veranlassen. So stellte die Telefonkunden-Gemeinschaft Communitel fest: „Bei der Analyse von 100 Mio. Datensätzen in zwei Jahren haben wir ... Rechnungsfehler zu Lasten unserer Kunden von -zig Millionen Mark entdeckt."

Deutlich wird an diesen wenigen Beispielen, wie die Tendenz zunimmt, durch Betrug zu Geld zu kommen, weil die Möglichkeiten, durch legale Arbeit etwas zu verdienen, immer weniger werden.

Es ließen sich jedoch illegale Bereiche darstellen, in denen es um wesentlich mehr geht. Einer davon ist Schwarzarbeit, die bekanntlich im Baugewerbe blüht. Die Baubranche wird von einer Krise immer zuerst erfasst. Mit der deutschen Baubranche geht es schon seit Jahren ohne Aussicht auf Besserung bergab. Jeder vierte bis fünfte Arbeiter auf einer deutschen Baustelle arbeitet schwarz. Das kommt nicht daher, weil die Unternehmer und Arbeitskräfte kriminell veranlagt sind, sondern weil ihnen in diesen schwierigen Zeiten gar kein anderer Ausweg bleibt. An diesem Betrug des Staates – es werden keine Steuern abgeführt – wird besonders deutlich, wie stark die Wirtschaft bereits in die Krise geraten ist. Als Lösung des Problems sehen die Regierenden in Deutschland nur die Verschärfung der Gesetze und somit die Kriminalisierung Hunderttausender Menschen.

Als dritter Bereich sei nur die Wirtschaftskriminalität angedeutet. Der Betrug der eigenen Firma, Bestechung, Schmiergeldannahme und sonstige Vorteilsnahme sind laut einem Bericht der deutschen Untersuchungskommission im Ansteigen begriffen. Immer häufiger liest man auch von

illegalen Preisabsprachen, wie etwa zwischen Versicherungen. Doch bleibt hier vieles im Dunkeln. Es ist jedoch erwiesen, dass auf illegale Weise Unternehmer und Wirtschaftsbosse zunehmend versuchen, Einfluss auf die Politik zu erlangen (Stichwort: Schwarze Kassen). Erinnert sei aber auch an die Wanzen im Europaparlament.
Dies sind nur einige Indizien dafür, dass eine Deflation bevorsteht. Was bei der Diskussion über eine Deflation oft ganz vergessen wird, ist die Tatsache, dass diese insgesamt ein dramatischer Umverteilungsvorgang ist. Eine Minderheit versucht dabei, sich auf Kosten der breiten Masse die Taschen zu füllen.

„Um Erfolg zu haben, musst du den Standpunkt des anderen einnehmen und die Dinge mit seinen Augen betrachten."
Henry Ford

Deflation - die Umverteilungsmaschine

Für eine Deflation spricht auch folgende Überlegung: Warum sollten die reichen und gut informierten Kreise unserer Gesellschaft ihr Vermögen durch eine Inflation entwerten lassen?
Im Prinzip war unser kapitalistisches Wirtschaftsystem immer schon eine Art Umverteilungsmaschine. Das System besitzt also einen Mechanismus, der Geld von einer Mehrheit zu einer Minderheit transferiert. Dieser Mechanismus heißt ganz einfach Zins. Wie er genau funktioniert, habe ich in anderen Büchern, wie „Börsenkrach und Weltwirtschaftskrise", dargelegt. Wichtig für Sie ist es, hier nur zu wissen, dass die Schulden von Staat, Unternehmen und Privathaushalten größtenteils die Vermögen einer Minderheit bedeuten, die dafür Zinserträge kassiert, welche letztlich aus der Arbeitskraft der breiten Bevölkerung kommen.
So mancher Multimillionär hat sein Geld eben nicht erarbeitet, geerbt oder im Lotto gewonnen. Es hat sich ganz einfach über Jahrzehnte hinweg von vielleicht einer sechsstelligen Summe durch den Zinseszinseffekt vermehrt –

lautlos, risikolos, leistungslos. Bei 7 Prozent Zinsen im Jahr werden in zehn Jahren aus 200.000 Euro 400.000 und in 30 Jahren 1,6 Mio. Euro. Sie können das gern mit dem Taschenrechner nachprüfen.

Das Sprichwort „Durch Arbeit ist noch keiner reich geworden" tut manchen Leuten sicher Unrecht. In seinen guten Zeiten ist der Kapitalismus jedem anderen System überlegen und belohnt ehrliche Arbeit mit angemessenem Geld und unternehmerisches Risiko mit satten Gewinnen. Ganz gewiss stimmig ist jedoch der Slogan „Die erste Million ist schwer, die zweite kommt von selbst.". Das ist nämlich in dem gleichen System durch indirekte Ausbeutung fremder Arbeitskraft über das Zinssystem permanent möglich. Man braucht nur etwas Geduld.
Inzwischen ist es eine unumstößliche Tatsache, dass sich das große Vermögen, sowohl hierzulande als auch weltweit, in nur wenigen Händen befindet. Diese Leute und Familien können mit Ihrem Geld Einfluss auf die Politik nehmen, ganz nach dem Sprichwort „Geld regiert die Welt."
Um zu klären, was solche superreichen Multimilliardäre weltweit antreibt, eine kleine psychologische Überlegung: Angenommen, sie wären der reichste Mann der Welt. Würden Sie sich zur Ruhe setzen und einfach Ihr Vermögen genießen? Welchen Antrieb hätten Sie dann noch im Le-

ben? Wäre das nicht sterbenslangweilig? Vielleicht denken Sie im ersten Moment nur an den Genuss, an Yachten, Luxushotels, Reisen etc. – doch wie lange würde Sie dies wirklich befriedigen? Nicht lange! Viele Menschen insbesondere in westlichen Gesellschaften sind psychologisch so angelegt, dass sie stets nach Höherem streben. So ist Bill Gates, der als reichster Mann der Welt gilt, immer noch fest mit seiner Firma Microsoft verbunden, wenn auch – wohl mehr aus taktischen Gründen in einem bedeutenden Rechtsstreit – nicht mehr deren Chef. Oder nehmen Sie den Zweitreichsten, den im Gegensatz zu Gates schon recht betagten Warren Buffett. Er ist mit Partner immer noch Chef seines so überaus erfolgreichen Fonds und denkt gar nicht daran, sich zur Ruhe zu setzen. Vergessen Sie nicht, dass es noch viel vermögendere und mächtigere Menschen als die Beiden gibt, die in der Reichtums-Statistik gar nicht auftauchen. Geld und immer mehr Geld ist das Ziel dieser Superreichen. Denn Grenzen für die Anhäufung von Vermögen fehlen in unserem Finanzsystem vollkommen. So ist es möglich, dass sich jemand durch Zins- und Zinseszins bereichern kann, ohne auch nur einen Finger krumm machen zu müssen.

Ganz anders sieht es bei der großen Mehrheit der Menschen aus: Diese wollen zwar ebenfalls mehr haben, allerdings stoßen sie sehr schnell an Grenzen, weil einerseits nicht genügend Verdienstmöglichkeiten da sind und andererseits niemand mehr als 24 Stunden am Tag arbeiten kann.

Anders die wirklichen Reichen. Diese wollen immer noch mehr Geld. Doch letztendlich ist auch dieses begrenzt. Was bleibt, ist Vermögensumverteilung. Würde Ihnen hierbei eine Inflation weiterhelfen? Kaum, denn diese würde ja Ihr Geld entwerten. Käme Ihnen da nicht eine Deflation ganz gelegen? Zwar hätten Sie durch Pleiten auch Ausfälle, aber unter dem Strich würde die Aufwertung Ihres Geldvermögens mehr bringen. Zudem wären immer mehr Unternehmen, Häuslebauer und auch Staaten gezwungen, Sachbesitz, Häuser, Grundstücke, Staatseigentum, Medien, Fabriken, zu Billigstpreisen zu verkaufen. Was liegt da näher, als dann zuzuschlagen und sich das Sachkapital unter den Nagel zu reißen? Firmen oder Immobilien, um die Sie sich in einer Aufschwungsphase lange bemühen hätten müssen, fallen Ihnen dann fast von allein in die Hände. Ist genügend Real- und Sachkapital in Ihre Hände gewandert, dann wird es allerdings Zeit, eine Gegenbewegung einzuleiten. Über eine Inflation oder einen Währungsschnitt wird das Geld entwertet. So wäre die Entwicklung für Sie optimal verlaufen.

Das alles hat mit Spekulation oder Verschwörungstheorien nichts zu tun, sondern ergibt sich allein aus logischen Schlussfolgerungen. Ob es wirklich so abläuft oder nicht, spielt für Sie im Weiteren keine Rolle. Entscheidend ist nur, zu erkennen, dass eine Inflation ohne vorherige Deflation die reichen Leute schwer schädigen würde. Sie sollten daher den Fortgang der Dinge gut beobachten. Damit eröffnen sich auch Möglichkeiten, Verluste zu vermeiden und Eigentum zu sichern. Das ist sicher besser als blind in der Opferrolle zu verharren wie leider die meisten Mitbürger.

„ "Unter den gegenwärtigen Umständen ist eine Deflation fast unausweichlich, weil die Nachfrageschwäche nicht überwunden werden kann", befürchtet Robert Prior von HSBC. Für Deutschland seien die Zinsen der Europäischen Zentralbank zu hoch. Grund für die gestiegenen Konjunkturrisiken ist die angespannte Lage an den Rohstoffmärkten. Der höhere Ölpreis erhöht zwar an sich erst mal den Aufwärtsdruck bei den Preisen. Bei genauere Analyse wirke er aber deflationär, so die EIU-Experten: Wenn Energiepreise zulegen, können Verbraucher weniger Geld für heimische Güter ausgeben. Dadurch werde der Preiswettbewerb härter, die Firmen müssten mit Kürzungen reagieren, was die Nachfrage weiter bremse.„

Financial Times Deutschland, 20.4.2005

Preiserhöhungen in der Deflation?

Ein gefährlicher Fehler, der immer wieder gemacht wird, ist die Ansicht, in einer Deflation müssten alle Preise sinken. Vielleicht haben Sie auch schon insgeheim gedacht, dass die Preise durch Einführung des Euros eher gestiegen sind – wie soll es da nun eine Deflation geben? Sie sollten dabei nicht übersehen, dass Preise in verschiedenen Segmenten sich durchaus gegensätzlich entwickeln können. Entscheidend ist, welches Segment absolut überwiegt und ob Preiserhöhungen auch wirklich Gewinnerhöhungen bedeuten. So haben beispielsweise Städte und Gemeinden für die Bürger unvermeidliche Gebühren erhöht. Als Beispiel seien die Abwassergebühren genannt, die übrigens über das ganze Land recht stark differieren. Dahinter stekken die entsprechenden Schulden und Zinslasten der Kommunen. Oder wenn die Mineralölsteuer angehoben wird, dann verteuert das selbstverständlich die Benzinpreise. Auch der Euro wurde hier und da genutzt, um uns tiefer in die Taschen zu greifen.

Wichtig ist Folgendes: Preissteigerungen sind zunächst nur Preissteigerungen und nichts weiter. Man darf sie nicht automatisch mit Inflation gleichsetzen. *Jede Inflation bedeutet zwar Preissteigerungen, jedoch ist der Umkehrschluss nicht zulässig. Erst wenn auch Löhne erhöht werden, sodass mehr Geld umläuft, setzt Inflation ein.*

Wenn es aber einen Krieg im Nahen Osten gibt und daher der Ölpreis steigt, ist noch längst keine Inflation zu befürchten. Diese wäre nur dann gegeben, wenn die Notenbank plötzlich massiv Geld drucken und tatsächlich in Umlauf bringen würde und auch die Löhne steigen würden. Das Ganze bedeutet, dass es in der Tat eine richtige Deflation geben kann, obwohl wichtige Preise oder Gebühren steigen. Das könnte vor allem die Rohstoffe betreffen, die sich bekanntlich immer mehr verknappen, historisch jedoch mehr oder minder billig sind. Es ist auch möglich, dass unser Staat seine steigenden Ausgabeverpflichtungen in den sozialen Sicherungssystemen, aber auch bei den Krediten durch Gebühren- und Abgabenerhöhungen ausgleichen will.

Was stets vergessen wird, wenn es um Inflation oder steigende Preise geht, ist der wichtigste Preis in einer Volkswirtschaft: der Arbeitslohn. *Steigen die Löhne und Gehäl-*

ter genauso wie im Schnitt die Preise, dann kann man von Inflation sprechen, weil eine Lohn-Preis-Spirale in Gang gekommen ist. Sinken jedoch die Reallöhne und steigen die Preise, dann führt dies unmittelbar zur Deflation. Warum? Weil die Leute, je weniger Geld sie in der Tasche haben, umso mehr dazu gezwungen sind, jeden Euro zweimal umzudrehen, bevor sie ihn ausgeben. Sinkende Löhne und steigende Preise führen also zu Konsumverzicht. Es wird nur noch das Nötigste gekauft und soviel wie möglich gespart. In einer solchen Situation sind Preissteigerungen dauerhaft nicht mehr durchsetzbar und führen auf keinen Fall zu höheren Gesamteinnahmen. Was machen Sie denn, wenn ihr Lohn immer weniger wird, weil Sie zunehmend Steuern und Abgaben zahlen müssen? Geben Sie dann mehr aus oder sparen Sie? Sie sparen. Dies belegte auch die Euro-Einführung, als die Leute auf die Preiserhöhungen mit Konsumverzicht reagierten. In einer richtigen Inflation hingegen schaut jeder, dass er seinen gestiegenen Lohn schnell ausgibt, bevor alles noch teurer wird. Das heizt die Wirtschaft an. Wenn Sie also beurteilen wollen, ob eine Deflation im Anmarsch ist oder nicht, dann schauen Sie sich weniger die veröffentlichte Inflationsrate an, sondern beobachten besser, ob Ihr Einkommen mit Ihren Ausgaben Schritt hält oder nicht.

Was heute nur steigt sind nur Monopolpreise (inkl. Energie und Rohstoffe) und staatliche Abgaben – Preise also, die nicht dem freien Markt unterliegen. Und vieles ist heute ein Monopolmarkt. So stieg bspw. der Milchpreis im Jahr 2007 plötzlich drastisch an. Begründet wurde dies damit, daß China die Milch aufkaufe. Doch importiert China gerade 0,1% unserer Milchmenge[20] und China selbst ist der drittgrößte Milchproduzent der Welt.[21] Man sieht daran, wie alle möglichen Märchen in Umlauf gesetzt werden, um Preiserhöhungen durch Monopole zu rechtfertigen und um eine „Inflation" vorzutäuschen.

Von vermeintlichen Experten wird immer einmal wieder behauptet, dass die Löhne in der Vergangenheit zu stark gestiegen wären. Deshalb sei eine „Rosskur" nötig, wobei die Deflation dann die Fehler korrigieren würde. Dieses

Ansinnen zeigt überdeutlich, wie fahrlässig und inkompetent angesehene Verantwortliche zuweilen sind.

„Man darf die Wahrheit nicht mit Mehrheit verwechseln."
Jean Cocteau

Deflation als Korrekturfaktor?

Diese „Experten" sehen eine Deflation lediglich als „Korrektur" an, die eine vorhergehende Inflation oder einen Boom wieder korrigieren würde. Was hier übersehen wird, ist der Umstand, dass eine Deflation, einmal in Gang gekommen, sich nur schwer wieder aufhalten lässt. Dabei ist es völlig gleichgültig, von welchem Niveau aus die Abwärtsspirale startet. Es spielt keine Rolle, ob die Preise vorher stark anzogen oder nicht. Sobald Preise auf breiter Front sinken, stellt sich der Markt sofort darauf ein. Jeder wartet dann ab, bis es noch billiger wird. Die vorhergehende Preiserhöhung wird dabei gar nicht mehr betrachtet. Korrigiert wird durch eine Deflation gar nichts. Sie ist vielmehr das regelrechte Verbluten einer Volkswirtschaft.
Ist eine deflationäre Spirale erst einmal in Gang gekommen, dann verstärkt sie sich von selbst und würgt die Wirtschaft weitgehend ab. Eine richtige Korrektur würde demgegenüber bedeuten, dass der Preis nachgibt und dann bei einem gesunden Niveau stehen bleibt. Hier zeigt sich deutlich auch die Fehleinschätzung der meisten Experten, welche die Gefahr einer Deflation noch gar nicht erfasst haben oder nicht wahrhaben wollen.

„Es gibt nur zwei Dinge, die unendlich sind:
das Universum und die menschliche Dummheit.
Wobei ich beim Universum nicht ganz sicher bin."
Albert Einstein

Fatale Fehleinschätzungen der Experten

Obwohl die Entwicklung logisch und anhand der Fakten eindeutig in Richtung Deflation geht, ignoriert die Mehrheit der Experten die Gefahr. So behauptete der ehemalige Präsident des Bundesverbandes der deutschen Industrie, Michael Rogowski, dass eine Deflation nur ein „Angstprodukt" sei, welches „herbeigeredet werde.[22] Zur gleichen Zeit betonten die Politiker des G8-Treffens, dass sie keine Deflationsgefahren erkennen könnten. Wirtschaftsstaatssekretär Tacke schätzte die Lage der Weltwirtschaft sogar als „außerordentlich positiv" ein und sah kaum gravierende negative Vorzeichen.[23] Während sogar der Internationale Währungsfonds (IWF) die Weltwirtschaft mit 50 Prozent Wahrscheinlichkeit in eine Phase der Deflation steuern sah und für Deutschland die Gefahr noch höher ansetzte, spielte EZB-Chefvolkswirt Issing die Warnung herunter.[24] Später schloss er sogar eine Deflation definitiv aus.[25] Ähnlich äußerte sich Bundesbankpräsident Welteke, als er meinte, dass er niemanden kenne, der in Erwartung fallender Preise seine Käufe zurückstelle.[26] Auch führende Wirtschaftsexperten betonten, dass die Notenbank eine Deflation wirksam bekämpfen könne.[27] Dem schloss sich der Bundesverband Deutscher Banken an und veröffentlichte eine Broschüre mit dem Titel: „Deutschland steht nicht vor einer Deflation". Doch wenn das Thema Deflation so diskussionsunwürdig wäre, dann bräuchte man ihm wohl keine eigene Schrift widmen. Als Argumente, warum es keine Deflation geben könne, führte der Bankenverband an, dass die Warnungen davor „überzogen" und lediglich Ausdruck von Unsicherheit wären. Es wurde betont, dass ein sinkendes Preisniveau nicht notwendigerweise zu einer Deflation führe. Es gebe keine Kreditklemme, Parallelen zu Japan seien unbegründet. Die Preise für Dienstleistungen stiegen immer noch überdurchschnittlich, die Europäische Zentralbank EZB könne mit ihrem Stabilitätsziel eine Deflation wirksam unterbinden, und es wäre ausgeschlossen, dass Deutschland allein in der Währungsunion in eine Deflation gerate.[28] Der FDP-Politiker Otto Graf-Lambsdorff meinte gar, man müsse zwischen „gutartiger“ und „böser“ Deflation unterscheiden, wobei die gutartige zu einem Produktivitätszuwachs führen solle. Bösartige Deflation sei nur möglich, wenn das Bankensystem seine Scharnierfunktion zur Wirtschaft verliere. Davon könne er jedoch nichts erkennen.[29] Dem schloss sich der damalige Wirtschaftsminister Clement an, als er betonte, er sehe keine Anzeichen für eine Deflation.[30] Die Politiker und Experten scheinen sich also wieder einmal einig zu sein, dass nicht sein kann, was nicht sein darf. Dass die Verantwortlichen eine Deflation erst zugeben werden, wenn sie nicht mehr geleugnet werden kann, hängt damit zusammen, weil diese Leute damit ihr Versagen eingestehen müssten. Denn eigentlich wäre es ihre Aufgabe, eine Deflation zu vermeiden bzw., wenn dies nicht möglich wäre, die Unternehmen und Verbraucher umfassend darüber aufzuklären. Wie sehr die Verantwortlichen die Kontrolle über das Geschehen verloren haben, wurde nicht zuletzt deutlich, als auf dem Frankfurter Fondsforum die Experten forderten, Deutschland brauche für einen nachhaltigen Aufschwung entweder eine heftige Inflation oder eine ausgewachsene Deflation. Der Schlüssel für die Lösung unserer Probleme liege in der Verschuldung der Unternehmen, die nur über eine Inflation (Entwertung der Schulden) oder eine Deflation und den folgenden Bankrott des Schuldners beseitigt werden könnten. Deutschland müsse nach Ansicht der Experten eine „Rosskur“ durchleben. Die Experten ließen sich in dieser Ansicht auch nicht beirren, als deutlich wurde, dass sich gleichzeitig mit dem Weg in eine Deflation die Arbeitslosigkeit verdoppeln würde.[31] Mit anderen Worten: Die Verantwortlichen kapitulieren angesichts der fatalen Entwicklung und setzen alle Hoffnung auf eine Krise, welche das Problem schon irgendwie beheben werde. Eine Anzahl von Experten meinte zu einem anderen Zeitpunkt sogar, dass es der normale Wirtschaftsablauf wäre, wenn plötzlich eine Krise mit Krieg käme. Sie sehen es als zyklischen Prozess an – wie Ebbe und Flut. Nach einem Aufbau müsse eben wieder die Zerstörung kommen, wird behauptet. „Dann fangen wir eben wieder von vorne an“, ist die Aussage dieser „Exper-

ten“. Dass jedoch die Deflation in erster Linie eine Folge von unserem falschen Geldsystem ist, wird nicht erkannt oder verschwiegen.
Sie sollten daraus lernen und keine Hoffnung in die Experten setzen. Diese Leute sind überdies in den meisten Fällen keineswegs unabhängig. Bedenken Sie, dass sie in aller Regel ihre stolzen Gehälter und Honorare aus dem Staatssäckel beziehen – wie könnten sie diesem da in den Rücken fallen? Oftmals geht es ihnen nur darum, die Bevölkerung „bei Laune“ zu halten. Allerdings drängt sich heute der Vergleich mit dem Titanic-Orchester auf, das weiterspielte, um von der Gefahr abzulenken. In der Zwischenzeit jedoch besetzen die Hintergrund-Lobbyisten die Rettungsboote.
Eine andere, vornehmlich jüngere Art von Experten hat schlicht und einfach weder Erfahrung noch Kenntnisse zum Deflationsphänomen. An den Universitäten wird darüber nicht allzu viel gelehrt, da es hier zu Lande seit 70 Jahren keine Deflation mehr gab. Deshalb hält man es für überflüssig, dieses Phänomen überhaupt anzusprechen. Es überrascht dann auch nicht, dass die meisten Volkswirte mit Begriffen wie Liquiditätsfalle oder Kreditklemme gar nichts anzufangen wissen. Die Medien und Entscheidungsträger jedoch verlassen sich auf die Meinung solcher „Experten“. Daher kommt es auch, dass jedes Jahr gebetsmühlenhaft verkündet wird: „Nächstes Jahr geht´s wieder aufwärts“. Schon im Jahr 2000 lautete eine Zeitungsmeldung: „Der Aufschwung ist nicht zu stoppen“ und bezog sich auf die Wirtschaftsweisen, die dieser Meinung waren. Danach entwickelte sich ein immer schwächeres Wirtschaftswachstum. Rekordpleiten, Crash am Aktienmarkt und Rekordstand der Arbeitslosen folgten.
Jedes Jahr lauten die Parolen wieder ähnlich. Man schämt sich anscheinend gar nicht, jedes Jahr die gleichen Durchhalteparolen auszugeben. Das Ganze erinnert ein wenig an die Propaganda am Ende des Zweiten Weltkriegs, die einen baldigen „Endsieg“ verkündete. Das gleiche geschah wieder, als die Immobilienblase im Sommer 2007 in den USA zu platzen begann: Noch einige Wochen bevor die Krise sichtbar wurde prahlten Bankenchefs damit, alle Risiken im

Griff zu haben. Als dann die ersten Banken kippten, feuerten Aktienhändler die Menschen wieder an, nun doch Wertpapiere zu kaufen: „Die Banken werden sich durch das, was derzeit passiert, durchwursteln." Manch anderer sprach sogar von der "günstigsten Bewertung seit 1995.[32]

Mittwoch, 25. Oktober 2000
AZ / Nummer 246

Der Aufschwung ist nicht zu stoppen

Wirtschaftsweise sehen aber Bremseffekte durch Ölpreis

Bild 1: Typische zweckoptimistische Propaganda

Das gleiche geschah wieder, als die Immobilienblase im Sommer 2007 in den USA zu platzen begann: Noch einige Wochen bevor die Krise sichtbar wurde prahlten Bankenchefs damit, alle Risiken im Griff zu haben. Als dann die ersten banken kippten, feuerten Aktienhändler die Menschen wieder an, nun doch Wertpapiere zu kaufen: „Die Banken werden sich durch das, was derzeit passiert, durchwursteln." Manch anderer sprach sogar von der "günstigsten Bewertung seit 1995.[33]
Das Problem lässt sich jedoch nicht wegdiskutieren und wird durch Ignoranz nur noch schlimmer. Lernen Sie daraus und schenken Sie den Politikern, Medien und Experten kein Vertrauen mehr. Diese Institutionen haben jede Glaubwürdigkeit verspielt. Viele hoffen bei diesem Punkt immer auf den Staat, der doch aus der Weltwirtschaftskrise gelernt habe und nun sicher Maßnahmen ergreife.

„Demokratie ist eine Regierungsform,
die die Anordnungen einiger Korrupter
durch die Beschlüsse vieler Inkompetenter ersetzt."
George Bernard Shaw, Schriftsteller (1856-1950)

Staat und Notenbank in der Klemme

Nun stellt sich die Frage, warum denn unser Staat nichts gegen die Deflation unternehmen kann. Warum werden die Bürger nicht umfassend informiert? Wollen die Verantwortlichen nicht oder können sie nicht?
Beides ist sicher richtig. Einmal ist der Staat tatsächlich an einer Offenlegung der Misere nicht interessiert. Das hat konkret bei der Deflation zwei Gründe: Erstens würde die ausgelöste Verunsicherung den deflationären Trend verstärken. Das liegt verständlicherweise keinesfalls im Interesse des Staates. Zweitens würden die Politiker ihr Versagen eingestehen und damit ihre Wiederwahl ernsthaft gefährden. Das wäre so ungefähr der dümmste Fehler, den sich Politiker vorstellen können. Die Bevölkerung würde sie zur Rechenschaft ziehen und fragen, warum solch hochbezahlte Leute nicht schon längst etwas gegen die Gefahr unternommen haben. Weiterhin darf man vermuten, dass der Staat mehr oder weniger Rücksicht auf die reichsten Haushalte im Lande nimmt. Schließlich stammt das geborgte Geld von ihnen. Sind diese Leute daran interessiert, dass die breite Masse etwas von den verborgenen Kräften im Hintergrund erfährt? Das wäre nicht unbedingt von Vorteil für langfristige Vermögenssicherung und -ausbau. Denken Sie daran, dass viele der Reichen Unternehmer sind. Warum sollen sie den Rückgang ihrer Gewinne selbst beschleunigen? Nun verstehen Sie die Passivität des Staates. Würde die Regierung dem Volk reinen Wein einschenken, würde schlagartig der Konsum weiter sinken, und die Einnahmen der Unternehmen brächen ein. Nicht zuletzt würden Aktien- und Anleihemärkte crashen. Das Ganze erinnert an die Spekulationsphase vor dem Börsenkrach. Die Leute wurden in Aktien regelrecht hineingetrieben, indem man falsche und irreführende Informationen verbreitete. Warnungen unterblieben. Sogar als die Kurse unaufhaltsam ins Rutschen kamen, wurde noch Zweckoptimismus verbreitet, die Bevölkerung zum Halten von Aktienbeständen aufgerufen. Als dann die clevere Bevölkerungsschicht ihre Aktienbestände zu guten Preise an die

breite Masse verkauft hatte, wurde das Desaster offensichtlich. Ein ähnliches Spiel wird nun mit der Deflation wieder getrieben. Allerdings kann sich den Auswirkungen diesmal kaum jemand entziehen. Die breite Bevölkerung hat mit massiveren Einschnitten zu rechnen. Von den Verantwortlichen, Entscheidungsträgern und Medien hat sie wiederum kaum etwas zu erwarten. Doch die zweite Frage ist, können diese Experten überhaupt etwas gegen die Deflation unternehmen. Die Antwort lautet ebenfalls: Nein!

Macht der Staat mehr Schulden, dann verstärkt er das Problem weiter, weil die Kapitalkosten noch weiter anziehen. Die unausweichliche Deflation wird in der Tat verzögert. Aber nur zu dem Preis, dass sie später mit noch größerer Wucht eintreten wird. Auch wenn hingegen der Staat versucht, mit Steuerreformen die Bürger zu entlasten und das Ganze mit Umschichtungen und Subventionsabbau gegenzufinanzieren, reißt er nur ein Loch auf, um ein anderes zu stopfen. Was er an Kaufkraft von den Subventionsempfängern wegnimmt, das gibt er den Bürgern. Der Effekt ist gleich Null – die Gelder werden nur neu verteilt. Die Notenbank ist zwar offiziell vom Staat unabhängig, kann jedoch genauso wenig tun. Senkt sie die Leitzinsen in der Absicht, die Wirtschaft durch günstigere Kredite anzukurbeln, dann ist das sogar gefährlich, weil damit Geldverknappung entsteht (Liquiditätsfalle!) und alle Investitionen durch Geldhortung unterbleiben, womit die Deflation erst richtig in Schwung kommt. Senkt sie die Leitzinsen nicht, leidet die Wirtschaft weiter an den Kapitalkosten. Oftmals kommt bei einer Diskussion des Deflationsproblems die Hoffnung auf, dass die heutigen Notenbanken doch nicht wieder die gleichen Fehler der 30er Jahre wiederholen werden. Doch wurden die Fehler, wie in den 30er Jahren, bereits gemacht – die Deflation ist, salopp ausgedrückt, nur die Quittung. Die enormen Verschuldungsquoten in allen entwickelten kapitalistischen Staaten, voran die USA mit nie da gewesenen Gesamtschulden von 300 Prozent des Bruttosozialprodukts, können nicht mir nichts dir nichts zurückgeschraubt werden. Sie bedeuten außergewöhnliche

Zinslasten für die Staaten, viele Unternehmen und teilweise Private.

Der Bluff mit der Notenpresse

Inflation und Deflation bedeuten, dass der Wert des Geldes sich ändert. Über die Geldwertstabilität zu wachen und diese zu sichern, ist vorrangige Aufgabe der Notenbanken, wie der amerikanischen Fed oder der Europäischen Zentralbank. Allein diese Banken können Geld drucken und beispielsweise über Kredite an Geschäftsbanken, wie die Sparkassen oder die Volks- und Raiffeisenbanken, aber auch größere Institute, wie Deutsche Bank 24 oder Dresdner Bank, versuchen, in Umlauf zu bringen. Die Notenbanken waren in der Vergangenheit darin recht großzügig, sodass die größte zu zählende Geldmenge M3 schneller gestiegen ist als das Bruttosozialprodukt. Es herrschte also in der Regel eine gewisse Inflation – man erkennt das, wenn man Preise, aber auch Löhne und Gehälter aus Gegenwart und Vergangenheit vergleicht.

Zurück zu den Schulden: Die geldausgebenden Banken, so wird oftmals argumentiert, könnten doch im Falle einer Schuldenkrise die Notenpresse anwerfen und massiv Geld drucken und damit eine Inflation auslösen, was die Schulden entwerten würde. Doch welche Folgen hätte das? Die Zinsen würden, wie wir gesehen haben, infolge einer Erhöhung der Inflationsrate nach oben gehen. Durch eine Zinserhöhung schützt sich der Gläubiger vor einer realen Schuldenentwertung. Die Zinsen steigen dabei um die gleichen Prozentpunkte wie die zu erwartende Inflationsrate. Dies bedeutet, dass einmal die Schulden höher verzinst werden müssen und zum anderen der Gläubiger höhere Zinserträge hat. Im Endeffekt wird durch eine normale Inflation der reale Wert der Schulden in keiner Weise beeinflusst. Im Gegenteil: Durch den höheren Zinsfuß läuft das Zinseszinssystem mit einer höheren Dynamik, womit sich die Probleme auch in schnellerem Maße aufschaukeln. Dauert es beispielsweise bei einem Zinssatz von 5 Prozent

etwa 14 Jahre, bis sich Kapital durch den Zinseszins verdoppelt hat, sind es bei 10 Prozent noch etwa sieben Jahre. Eine Inflation ist also unter keinen Umständen geeignet, das Schuldenproblem zu lösen, sondern verschlimmert nur noch alles durch steigende Zinsen.
Was aber wäre, wenn die Notenbanken die Druckerpressen so schnell laufen lassen würden, dass es wie im Jahr 1923 eine Hyperinflation gäbe? Das würde zwar momentan die Schulden im Inland entwerten, allerdings nur um den Preis, dass die Auslandsschulden durch die fallenden Wechselkurse enorm aufgewertet würden. Bei einer fortgesetzten Hyperinflation von vielleicht 1000 Prozent verlöre das Geld überhaupt seine Eigenschaft als Zahlungsmittel, und es käme zu einem Rückfall in den ineffektiven Tauschhandel. So entstand zu Zeiten großer Inflation eine „Zigarettenwährung", also Tauschhandel über Produkte. Überhaupt beschleunigt eine Inflation nur vorübergehend den Geldumlauf und wirkt damit einer Deflation entgegen. Sobald die inflationäre Phase beendet wird, kippt die Wirtschaft sofort in eine Deflation um, weil die überschüssigen Real- und Sachkapitalwerte auf die Rendite drücken und zur Geldhortung führen. Von einer Lösung der Problematik kann auch hier überhaupt nicht gesprochen werden, da nur ein Problem mit einem anderen vertauscht, der Teufel mit dem Belzebub ausgetrieben wird. Doch stellt sich auch die Frage, ob die Notenbanken im heutigen System überhaupt die Geldmenge erhöhen könnten, wenn sich deflationäre Effekte zeigen würden. Wenn die Notenbank heute Geld in Umlauf bringen möchte, dann verleiht sie dieses beispielsweise an die genannten öffentlichen und private Banken, die gleichzeitig Wertpapiere hinterlegen müssen. Kapital kommt also nur in Umlauf, wenn es auch von den Banken nachgefragt wird. Das aber ist nur der Fall, wenn es an Kreditnehmer weiterverliehen werden kann. In einer Schuldenkrise mit folgender Deflation werden allerdings kaum mehr Kredite nachgefragt bzw. aus Sicherheitsgründen vergeben. Das fallende Preisniveau lässt ja Investitionen als sinnlos erscheinen und bringt Unternehmen in Bedrängnis. Aus diesem Grund fragen die Kreditinstitute auch

keine Geldmittel bei der Notenbank mehr nach, was bedeutet, dass kein neugedrucktes Zahlungsmittel mehr in Umlauf gebracht werden kann. Als Konsequenz lässt sich festhalten: Solange Geld nur als Kredit in Umlauf kommt, kann auch beim besten Willen die umlaufende Geldmenge in der Deflation nicht erhöht werden. Halten wir fest: Die für manchen Zeitgenossen einschließlich Notenbankern ach so schön erscheinende Lösung des Schuldenproblems durch Inflation ist ein Irrglaube. Gleiches gilt für die Deflation. Nicht nur illusorisch, sondern sogar gefährlich sind die heute aufkommenden Bestrebungen für eine Goldwährung oder einen Goldstandard.

„Dabei war vor allem das 19. Jahrhundert durch immer wiederkehrende Deflationsphasen gekennzeichnet. Allein in den Jahren 1875 bis 1899 gab es in Deutschland drei Zeitabschnitte, in denen das Preisniveau abnahm. Hierzu dürfte vor allem das damals vorherrschende Währungssystem des Internationalen Goldstandards beigetragen haben: Während das Geldangebot über den vorhandenen Goldbestand weitgehend fixiert war, nahm die Geldnachfrage stetig zu, nicht zuletzt infolge des Bevölkerungswachstums, der Industrialisierung und einer steigenden Anzahl von Ländern, die ihre Währungen an das Gold banden. Geld wurde damit tendenziell knapper, das Preisniveau ging zurück."

Deutsche Bundesbank[34]

Warum eine Edelmetallwährung immer Deflation bedeutet

Angesichts der aktuellen Instabilität auf dem Finanzmarkt erkennen immer mehr Menschen, dass mit unserem Geldsystem etwas nicht in Ordnung ist. Das stimmt ja auch tatsächlich. Nicht nur in den entwickelten Staaten der Welt wächst die Verschuldung, wie wir gesehen haben, viel schneller als die Wertschöpfung. In Deutschland zum Beispiel steigen die Verbindlichkeiten etwa dreimal schneller als das Bruttosozialprodukt. In den USA geschieht dies sogar vier- bis fünfmal schneller. Mit anderen Worten: Das herrschende Zins-Schuldsystem ist zum Bankrott verurteilt.

Leider zieht nicht jeder die richtigen Schlüsse daraus. Im Gegenteil: Neuerdings wird ernsthaft behauptet, dass die Probleme durch ein neues „Goldgeld" gelöst werden könnten. Es stimmt schon, Gold ist immer etwas wert. Das zügellose Gelddrucken wäre mit einer Golddeckung unterbunden, da für jeden neuen Geldschein Gold beschafft werden müsste. Doch bereits einfache und logische Überlegungen zeigen, wie gefährlich eine Golddeckung ist. Ein Goldgeldsystem kann sich nämlich als noch viel instabiler erweisen als das heutige Schuld-Geldsystem. Das erscheint zunächst unlogisch. Betrachten wir darum zunächst gesicherte Fakten!

Goldgeld brachte immer Armut

Die Geschichte lehrt, dass Goldwährung und der Goldstandard keine Probleme lösen, sondern erst schaffen. Die Probleme beginnen damit, dass die meisten Länder überhaupt kein Gold besitzen und für die Einführung einer Goldwährung sich Gold von den wenigen großen Goldbesitzern der Welt zu deren Bedingungen und entsprechend hohen Zinsen leihen müssten. Die bekannten Belastungen durch den Zins würden sich also noch weiter verstärken, weil das Gold zusätzlich finanziert werden müsste. Heute kann ein verarmter Staat wie zum Beispiel Bangladesch durch Papiergeld mit wenig Aufwand eigenes Geld schaffen, das den Warenaustausch im Land sicherstellt. Was sollen diese Nationen machen, wenn sie Gold dafür benötigten? Die Folge wäre eine noch größere Verarmung auf der Welt. Nicht ohne Grund war die Massenarmut in Zeiten der Goldwährungen immer am größten. Es waren die Zeiten der Kinderarbeit, der 16-Stunden-Arbeitstage, der niedrigen Löhne und des Massenelends. Die Deutsche Bundesbank wies darauf hin, dass gerade die Phasen des Goldstandards im 19. Jahrhundert ständige Deflationen verursachten. So war beispielsweise das letzte Viertel des 19. Jahrhunderts fast ganz deflationär, was mit dem Goldstandard und der fehlenden Geldanpassung an die gestiegene Bevölkerung und höhere Produktivität begründet wird.[35]

Goldgeld verhindert den Währungspuffer zwischen den Staaten

Wenn alle Länder „am Gold hängen", dann ist keine angepasste Währungspolitik mehr möglich, weil die Wechselkurspuffer fehlen. (Wie wichtig diese für gesunde Handelsbeziehungen sind, habe ich im Buch „Der Euro" erklärt.) Die schwächeren Länder bluten dabei regelrecht aus. Flexible Wechselkurse kompensieren die unterschiedlichen Entwicklungen zwischen Ländern. Fehlen diese Wechselkurspuffer, etwa weil verschiedene Länder eine einheitliche Währung haben, dann kommt es automatisch zu Spannungen. Die Resultate lassen sich anhand der Finanzkrisen der letzten Jahre studieren: Die Krisen in Asien, Russland oder Argentinien begannen wegen fehlender Wechselkurspuffer. Unterschiedliche Länder brauchen unterschiedliche angepasste Währungen. Gold bringt daher ein bisher vermeidbares Problem in die Währung. Und: Die wohl größte Aufgabe unserer Zeit, nämlich das Geld vom Zins zu erlösen, wird mit Gold unmöglich.

Goldgeld ist immer Zinsgeld

Durch Zinsgeld werden Schulden in etwa exponentiell solange vermehrt, bis sie nicht mehr bezahlt werden können. Am Ende müssen Schulden gemacht werden, nur um die Zinsen zahlen zu können. Wer erkannt hat, dass der Zins mit mathematischer Sicherheit in den Abgrund führt, muss auch einsehen, dass gerade Gold keine Lösung des Problems ist. Denn Gold lässt sich beliebig lange horten, und niemand wird es ohne eine „Belohnung", also zinsfrei verleihen. Goldgeld ist das schlimmste Zinsgeld! Im Gegensatz dazu lässt Papiergeld sich so gestalten, dass es freiwillig auch zinsfrei weitergegeben werden kann und damit stabil ist. Auch für die Gesamtwirtschaft ist Goldgeld alles andere als vorteilhaft.

Goldgeld verhindert Anpassung an die Wirtschaft

In einer stabilen Wirtschaft muss die umlaufende Geldmenge parallel zur steigenden Wirtschaftsleistung zunehmen, da mehr erzeugte Waren auch mehr Tauschmittel

benötigen. Goldgeld lässt sich der Wirtschaftsleistung aber nicht flexibel anpassen. Voraussetzung wäre, dass die Goldförderung in etwa mit der Wirtschaftsleistung wächst. Die Freunde des Goldgeldes behaupten, dass dies der Fall wäre: Höhere allgemeine Wirtschaftsleistung würde sich auch in den Minen auswirken, sodass entsprechend mehr gefördert würde. Das nennen sie Goldautomatismus. Bei näherer Betrachtung erweist sich das als Illusion. Es gibt keinen handfesten Nachweis, dass dieser Automatismus tatsächlich funktioniert hat. Verschiedentlich nachweisbar ist jedoch folgender Vorgang: Die Wirtschaft wuchs, nicht jedoch die umlaufende Geldmenge. Damit wurde das Geld in Relation zu den Waren knapper und damit wertvolle. Die Preise fielen, und es kam zur Deflation mit dem bekannten Teufelskreislauf aus zurückgehenden Unternehmensgewinnen, Firmenpleiten, Arbeitslosigkeit, sinkender Kaufkraft, weiter abbrechenden Unternehmensgewinnen und so weiter. Am Ende führte eine Deflation zur Wirtschaftskrise, letztlich zum Krieg um Gold. Nicht umsonst waren die Spanier im 16. Jahrhundert beinahe dazu gezwungen, in Amerika die Indianer zu vernichten, um an deren Gold zu kommen. Anders wäre es nicht möglich gewesen, die spanische Wirtschaft mit frischem Gold-Geld zu versorgen und eine Deflation zu verhindern.
Edelmetall hat nichts mit richtig konstruiertem Geld zu tun. Man bindet keine Ökonomie an ein Metall, das mit derselben gar keine Verzahnung hat. Die nicht beliebig vermehrbare Goldmenge sollte und braucht keinen Einfluss auf die Wirtschaftsleistung zu haben. Zur Info: Würde man das gesamte überirdische Gold zu einem Würfel schmelzen, hätte dieser eine Kantenlänge von nur 20 m. Etwa noch einmal soviel Gold wird in der Erde vermutet.

Gold bringt mehr Nachteile als Vorteile

Gegenüber ihren großen Nachteilen hätte eine Goldwährung höchstens zwei Vorteile: keine Inflation und - psychologisch bedingt – höheres Vertrauen in die Währung. Übersehen wird dabei jedoch, dass wir heute gar keine nennenswerte Inflation mehr haben und dass es noch

keine Probleme mit dem Vertrauen in unsere heutige Papierwährung gibt. Selbst der ungeliebte Euro wird von Jedem akzeptiert. Mit der Goldwährung sollen also Probleme gelöst werden, die wir gar nicht haben. Die Geschichte zeigt, dass eine Inflation noch nie das große Problem war. Selbst in der Hyperinflation 1923 in Deutschland hatte fast Jeder ausreichend zu essen und Arbeit. Demgegenüber gab es Hunger, Arbeitslosigkeit, Elend und schließlich Krieg bei der Deflation der 30er Jahre.
Durch eine Goldwährung dagegen würden massive Verwerfungen entstehen:

- Deflation wahrscheinlicher als Inflation: Beim Anschein einer Krise (Beispiel: 11. September 2001) zieht sich das Goldgeld sofort vom Markt zurück, und die Wirtschaft gerät in eine sich selbst verstärkende Deflationsspirale.
- Schwache Länder bluten aus, da sie kein Gold besitzen und das Kapital bei fehlendem Wechselkurspuffer immer von den schwachen in die starken Länder abwandert.
- Zwischen unterschiedlichen Ländern bestehen keine Ausgleichsmechanismen, denn die Währungen sind über das Gold starr gekoppelt.
- Die wenigen großen Goldbesitzer erlangen mehr Macht über das weltweite Geld: Eine Minderheit bestimmt über die Wirtschaft.

Was Geld wirklich ist
Die Vorliebe für ein Goldgeld resultiert aus einer völlig falsch verstandenen Funktion des Geldes. Viele Leute meinen, Geld selbst müsse einen Wert haben. Dabei übersehen sie jedoch, dass die „Deckung“ des Geldes bereits die Waren und Leistungen sind, die durch Geld nur besser tauschbar sind als direkt. Geld ist also nichts anderes als ein Vermittler, der den Erwerb von beliebigen Waren oder Dienstleistungen erleichtert. In Kurzform: Geld sollte ein Tauschmittel sein und selbst praktisch keinen Wert besitzen. Die beiden weiteren Funktionen, die Geld erfüllen

muss, nämlich Schatzmittel und Preisbestimmungsmittel zu sein, ergeben sich auch dann von allein. Zu unserem heutigen Geld ist festzustellen, dass es die Funktion als Tauschmittel nicht korrekt erfüllt, da es über längere Zeit dem allgemein sinkenden Wert von Gütern, Waren und Dienstleistungen nicht folgt. Unmittelbar hieraus resultiert die zweite Störung: Unser Geld ist in seiner privaten Funktion völlig uneingeschränkt, was die öffentliche Funktion behindert. Um das zu verstehen, vergleiche man Bargeld mit einer Immobilie in Privatbesitz. Für diese muss Grundsteuer abgeführt werden, und bei baulichen Maßnahmen sind Bauvorschriften einzuhalten und Genehmigungen einzuholen. Dies mag den Besitzer stören, macht aber gesellschaftlich viel Sinn. Ähnlich wie eine Goldwährung ist auch der Euro ein Fehler.

„Allerdings kann in einem einheitlichen Währungsraum auch die Gefahr entstehen, dass Deflationstendenzen in einem großen Mitgliedsland in die anderen Teilnehmerländer exportiert werden: Steigt auf Grund der verbesserten preislichen Wettbewerbsfähigkeit des deflationären Landes die Nachfrage des Auslands nach dessen Gütern und sinkt damit die Nachfrage nach den Gütern der anderen Länder, kann auch dort ein nach unten gerichteter Preisdruck entstehen."

Deutsche Bundesbank[36]

Deflationsgefahr durch den Euro

Viele Experten, allen voran die der Europäische Zentralbank (EZB), behaupten, dass es kein Problem wäre, wenn ein großes Land wie Deutschland eine Deflation erlitte. Die niedrigeren Preise in Deutschland würden den Export ankurbeln und damit die wirtschaftliche Lage wieder bessern. Vergessen wird dabei, dass ein größerer Export eines Landes automatisch einen kleineren Export eines anderen Landes bedeutet. Was also in einem Land gewonnen wird, muss ein anderes verlieren. Wenn nun das deflationäre Land eine große Wirtschaftskraft hat, wie zum Beispiel Deutschland, dann reißt es die kleineren Staaten buchstäblich mit in den Abgrund. Dazu kommt, dass die EZB sich mit ihrer Geldpolitik immer an Europa im Ganzen ausrichten muss und keine Rücksicht auf ein einzelnes Land nehmen kann. Während dann vielleicht das Zinsniveau für die meisten Staaten angemessen wäre, so wäre es für das deflationäre Land weitaus zu hoch. Man sollte berücksichtigen, dass eine Deflation den Realzins (Zins abzüglich Inflationsrate) erhöht, weil zum Kapitalmarktzins die Deflationsrate dazugerechnet werden muss, während die Inflationsrate abzuziehen ist. Der effektive Gewinn ist also in einer Deflation höher als der ausgewiesene Marktzins. Dies führt dazu, dass das deflationäre Land noch tiefer in den Abgrund stürzt als die anderen Staaten der Währungsunion, weil es durch effektiv höhere Zinsen belastet wird. Es ist fatal, mit dem Euro zu versuchen, wirtschaftlich völlig unterschiedliche Länder aneinander zu ketten.

Dazu kommt, dass die Deflation in der Eurozone auch durch einen sinkenden Dollarkurs verstärkt wird, weil die Exporte in die USA damit sinken. Hier trifft es Exportna-

tionen wie Deutschland wieder viel härter als andere Länder, die nicht so sehr auf Ausfuhr orientiert sind. Bedenken Sie: Die Exportquote unseres Landes beträgt 31 Prozent. Damit ist Deutschland neben Japan am meisten auf den Weltmarkt orientiert. Besonders brisant könnte sich auswirken, dass Deutschland heute jeden fünften Euro für Exportgüter aus den USA erhält. Europa wird also auch hier wieder unterschiedlich betroffen. Früher hätte die Deutsche Bundesbank eine eigenständige, angepasste Geldpolitik machen können. Im einheitlichen Europa kann die EZB nicht individuell eingreifen. Zu den Folgen gehören Deflation in Deutschland und das Mitreißen der anderen Länder in den Abwärtsstrudel. Nicht umsonst meinte der Schweizer Ökonom Prof. Peter Bohley eine einer Analyse über den Euro: „Die Einführung des Euros muß als eine der größten wirtschaftspolitischen Fehlentscheidungen in Deutschland seit 1945 angesehen werden".
Doch die Krise bleibt meist nicht auf wirtschaftliche Schwierigkeiten begrenzt, sondern weitet sich oft bis zum militärischen Konflikt.

„Es gehört zum Wesen des Krieges, dass seine wirklichen Gründe und Ziele nicht dem entsprechen, was als Kriegsgrund proklamiert wird."
George Bernard Shaw, Schriftsteller (1856-1950)

Krieg – die Ausgeburt der Deflation

Eine Deflation hat schon oft zum Krieg geführt. Wie wir gesehen haben, gibt es für ein Land im heutigen System gar keine Möglichkeit, der Deflationsspirale zu entkommen. Innerhalb der Krise haben weder der Staat noch die Notenbank die Macht, die Abwärtsentwicklung zu stoppen. Ist eine Deflation einmal in Gang gekommen, lässt sie sich nicht mehr aufhalten. Dies wäre nur durch Einführen eines völlig anderen Geldsystems möglich. Darauf besteht leider kaum Aussicht. Sowohl die Einführung des Euros als auch

ein weitgehendes Unverständnis sind die wichtigsten Hemmblockaden. Daher ist davon auszugehen, dass die hier zu Lande anlaufende Deflation ähnlich wie die japanische so schnell kein Ende nehmen wird.
Dass eine grundsätzliche Umgestaltung im Geldbereich die Deflation besiegen kann, zeigten übrigens in den 30er Jahren Geldexperimente von privater Hand. Dabei wurden Tauschscheine ganz einfach unter Umlaufzwang gesetzt. Wer das Tauschmittel zu Hause liegen ließ, musste eine Gebühr bezahlen. Das wollte natürlich niemand, und so versuchte man, für das Tauschmittel möglichst schnell Waren zu kaufen oder Dienstleistungen in Anspruch zu nehmen. Dies geschah in einer kleinen Gemeinde in Tirol, Wörgl, sowie auch in Deutschland mit dem sogenannten Wärageld. Die Erfolge waren überwältigend. Vor allem die Arbeitslosigkeit ging schnell zurück. Das Verbot solch eines Notgeldes ließ, wie man sich denken kann, nicht lange auf sich warten. Mehr darüber ist in meinem Buch „Börsenkrach und Weltwirtschaftskrise“ zu lesen.

Eine fortgesetzte Deflation führt sehr schnell zu einer breiten Verarmung der Masse. Da die Not immer schlimmer und gleichzeitig die Hilflosigkeit der etablierten Parteien offensichtlich wird, haben radikale Gruppierungen steigenden Zulauf. Bestes Beispiel dafür war die NSDAP mit Hitler an der Spitze. Bis zur Weltwirtschaftskrise war diese

Partei nur eine kleine Splittergruppierung mit gerade mal einem Prozent Stimmenanteil. Jedoch stiegen die Stimmen für Hitler etwa parallel zur zunehmenden Arbeitslosenzahl. Dazu kommt, dass sich ein Krieg auf die Wirtschaft sehr fördernd auswirkt. Bereits für die Rüstung wird eine Palette von Sachgütern benötigt. Die großen Branchen, wie Stahlerzeugung, Chemie, Maschinenbau usw., haben volle Auftragsbücher. Die Rüstungsindustrie selbst sieht ihren gewinnträchtigsten Zeiten entgegen. Eskaliert ein Konflikt, so steigert sich der Materialbedarf weiter. Ein Krieg bedeutet deshalb meist eine Zeit der Hochkonjunktur. Finanziert wird dieser in der Regel über eine offene oder verdeckte Inflation. Durch die ständige Materialvernichtung im Krieg kommt es dann auch nicht mehr zu gesättigten Märkten.

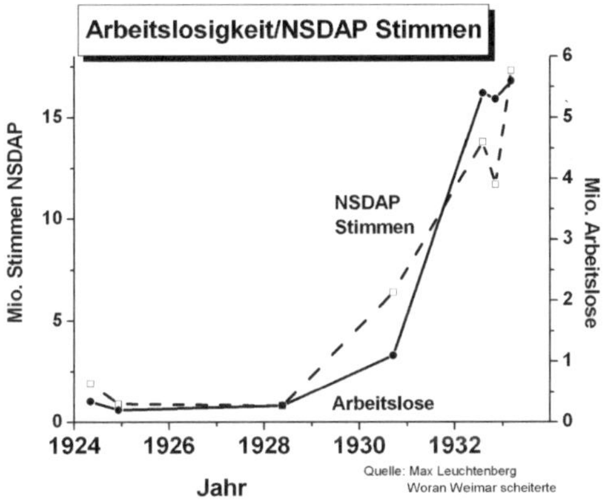

Abb.3: Stimmen für die NSDAP und Zahl der Arbeitslosen in Deutschland

Ein weiterer Zusammenhang zwischen Deflation und Krieg ist die Tatsache, dass Not die Kampfbereitschaft im Volk weckt. Oft geht also einem Krieg eine Wirtschaftskrise mit Deflation voraus. Bestes Beispiel dafür sind die USA in den 30er Jahren: Seit 1930 verharrte das Land in einer massiven Deflation, gekennzeichnet durch Massenarbeitslosigkeit und Elend, welches die Politiker nicht in den Griff bekamen. Erst mit der anlaufenden Rüstung – noch Monate bevor der Zweite Weltkrieg offiziell begann – drehte die Wirtschaftskrise in eine Hochkonjunktur. Man kann tatsächlich annehmen, dass Amerika ohne diesen Krieg nicht mehr aus der Deflation gekommen wäre. Wie die USA in zahlreichen Konflikten wirtschaftliche Probleme mit militärischen Mittel lösten, dazu veröffentlichte der Investmentexperte Johann Saiger einen interessanten Bericht.[37] Darin belegte er, dass Kriege konjunkturfördernd wirkten und mit einem wirtschaftlichen Aufschwung einhergingen. Er brachte als Beispiele einige Kriege, an welchen die USA beteiligt waren und zählte die ökonomischen Vorteile für die USA auf:

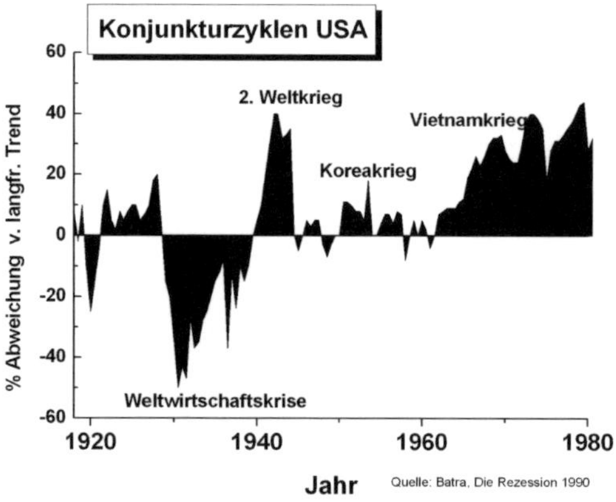

Abb.4: Kriege und Konjunkturentwicklung in den USA

„Erster Weltkrieg
US-Wirtschaftsentwicklung 1914 bis 1919

- Verdopplung der Gesamtwirtschaftsleistung (Anstieg des Sozialprodukts von 39,1 auf 85,4 Mrd. US-$
- Verfünffachung des Ausfuhrüberschusses
- Zunahme des Volksvermögens um 40 Prozent
- Senkung der Arbeitslosenquote von 8,5 (1915) auf 1,4 Prozent“

Hinzu kam ein grundlegender Wandel der Auslands-Verschuldungsverhältnisse: Aus 4 Mrd. US-$ Auslandsschulden vor Kriegsbeginn wurden 11 Mrd. US-$ Auslandsguthaben nach Kriegsende. Daneben wurde nach dem Krieg erhebliches deutsches Eigentum enteignet. Auch geistiges Eigentum, denn viele deutsche Patente wurden verwertet.

„Zweiter Weltkrieg
US-Wirtschaftsentwicklung 1940 bis 1945

- Steigerung des Sozialprodukts von 97 auf 214 Mrd. US-$
- Verdreifachung der Industrieproduktion
- Erhöhung der Grundstoffgewinnung um 60 Prozent
- Steigerung der jährlichen Exporte von 4 auf 14 Mrd. US-$
- Senkung der Arbeitslosenzahl von 10 Mio. (1937/38) bzw. 8,4 Mio. (1941) auf 0,6 Mio. (1946). Die „Jahrhundert-Rekord-Arbeitslosenquote" von 25,2 Prozent des Jahres 1933 sank bis 1944 auf 1,2 Prozent, den niedrigsten Stand des Jahrhunderts, ab. Im Gegenzug wurden bis 1946 die Streitkräfte bis auf 12 Mio. Mann aufgestockt.“

Nahezu 346.000 deutsche Patente seien nach dem Krieg beschlagnahmt worden. Vor allem sei der US-Dollar nach dem Zweiten Weltkrieg zur Weltleitwährung aufgestiegen, indem alle anderen Währungen durch das Bretton-Woods-Abkommen an diesen gekoppelt wurden. Vor allem nach den Kriegsursachen fragte Saiger: „Erstaunlich in diesem Zusammenhang ist wohl der Umstand, dass von den direkten positiven wirtschaftlichen Kriegsauswirkungen immer nur die USA betroffen waren. Kriminalisten bekommen schon sehr früh gelehrt, dass die wahren Nutznießer von Verbrechen sehr oft auch die Drahtzieher sind. Bereits die

Römer fragten cui bono – wem zum Nutze eine Tat geschah.“
Die Überschuldung sei eine wesentliche Ursache für die Kriege gewesen. Die USA hätten sogar damit eine Währungsreform wie in Europa vermeiden können: „Eine - wegen totaler Überschuldung - für die USA fast schon unvermeidliche Währungsreform vor dem ersten Weltkrieg konnte dank des Umstands vermieden werden, dass sich im Kriegsverlauf die (damals) enorme Auslandsverschuldung von 4 Mrd. US-$ in Forderungen im Ausmaß von 11 Mrd. US-$ verwandelt hat. Damit wurde doch tatsächlich das Schuldenproblem der USA überraschend positiv gelöst. Dafür wurden im Nachkriegsstadium in etlichen Ländern Europas Währungsreformen erforderlich. Damit fand auch das europäische Schuldenproblem eine endgültige Lösung, jedoch in der für die Bevölkerung äußerst schmerzlichen Form einer Währungsreform.“
Obwohl durch die Kriege große Kosten entstanden, konnte ein Entschuldungseffekt erzielt werden, da das Wirtschaftswachstum durch Rüstung angekurbelt wurde und damit der Schuldenstand relativ zum Bruttosozialprodukt kleiner wurde. Ein typisches Beispiel sei der Vietnamkrieg gewesen: „Dieser erstreckte sich eigentlich von 1959 bis 1975. Die USA waren mit massivem Militäreinsatz jedoch nur zwischen 1964 bis 1974 engagiert. In dieser Zeitspanne ist die US-Staatsverschuldung zwar nominell weiter stark angestiegen, doch in Prozent des Bruttosozialprodukts (BSP) wurde dabei die Staatsverschuldung von etwa 46 Prozent auf 23 Prozent halbiert (US-Staatsverschuldung in Prozent des BSP).“
Vor allem spiele der Krieg eine entscheidende Rolle, bei der Verhinderung von Deflationskrisen, weil durch eine inflationsfinanzierte Rüstung die Verschuldungssituation entschärft wurde. Dabei wäre auch die Massenarbeitslosigkeit bedeutsam: „In den 30er Jahren war - im Vorfeld des Zweiten Weltkriegs - eine Deflationskrise in Verbindung mit einer drastischen Massenarbeitslosigkeit feststellbar. Etwa 10 bis 12 Mio. Arbeitslose in den USA und über 20 Mio. Arbeitslose in Europa stellten einen Rekord in der

ersten Hälfte des 20. Jahrhunderts dar. Mit herkömmlichen Konjunkturprogrammen war diese Situation nicht mehr in den Griff zu bekommen. Ohne Krieg wäre es kaum noch möglich gewesen, diese dramatische Wirtschaftskrise mit der Massenarbeitslosigkeit jemals zu überwinden. Dies spricht natürlich nicht für einen Krieg – dieser und die ihn hervorrufende Deflation wäre durch eine umfassende Geldreform jederzeit vermeidbar gewesen. Die klassische Korrelation lautet anscheinend Weltwirtschaftskrise – Massenarbeitslosigkeit – Überschuldung – Krieg."

Welche Erkenntnisse ziehen Sie daraus? Einmal die Tatsache, dass die Geschichte sich wiederholt. In jeder Zeitperiode wird gesagt, dass man aus der Geschichte gelernt hätte, und es heißt nach jedem Waffengang „Nie wieder Krieg!". Doch was passiert eine oder zwei Generationen später? Genau das Gleiche wie vorher, nur mit anderen Begründungen, Waffen und Länderkonstellationen. Sehen Sie sich unsere heutige Zeit an: Wieder werden Kriege geführt – wie heute üblich, natürlich unter dem Deckmantel von Gerechtigkeit und Demokratie. Wir sind jetzt wieder auf dem besten Weg in ein Kriegszeitalter. Parallel zu wirtschaftlichen Schwierigkeiten und beginnender Deflation wachsen die Streitigkeiten. Nach einem militärischen Konflikt sieht die Sache meist anders aus. Es wird deutlich, dass es ausschließlich handfeste wirtschaftliche Interessen waren, die zum Krieg führten.

Beachten Sie, dass es seit dem Zweiten Weltkrieg – seit zwei Generationen – in den führenden Ländern keinen Krieg mehr gab. Es wurde sehr viel Realkapital durch Verschuldung geschaffen. Die Kapitalkosten belasten dabei mehr und mehr die Wirtschaft, während gleichzeitig die Märkte gesättigt sind und die Kaufkraft der Bevölkerung sinkt. Es kommt zu einer Geldverknappung, zur Deflation. Wie kann diese bekämpft werden?

Dass es mit bloßem „Gelddrucken" nicht geht, das haben wir gesehen. Es bleibt nur der Weg, das Sachkapital zu vernichten, einen Währungsschnitt zu machen und von vorn zu beginnen. Der Währungsschnitt allein jedoch brächte auch nicht viel, weil es dann immer noch einen riesigen Sachkapitalüberhang gäbe und die Märkte gesättigt wären. Helfen würde eine komplette Reform des Systems – die aber anscheinend von den Verantwortlichen nicht in Erwägung gezogen wird. Also bleibt nur die massive Zerstörung von Sachkapital übrig – der Krieg! Danach kann dann wieder „aufgebaut“ werden. Dieses Vorgehen konnten Sie im Irakkrieg 2003 erkennen: Zuerst wurde ein Konflikt angezettelt und behauptet, dass der Irak mit Massenvernichtungswaffen jederzeit den Westen angreifen könne. Dann erfolgte die Verlagerung der Streitkräfte, auch um die Weltöffentlichkeit gewissermaßen an den Konflikt zu gewöhnen. Der Angriff selbst kam dann nicht überraschend, die Protestreaktionen hielten sich in diesem Moment sehr in Grenzen. Nach den Massenvernichtungswaffen wird allerdings noch immer gesucht. Das Interessante war nach Kriegsende die Vergabe von lukrativen Aufträgen, um den Irak wieder aufzubauen: Nur Unternehmen aus den USA oder genehmen Staaten dürfen dabei mitwirken. Und die Aktion zeigte schnell Erfolge: Durch den stärksten Zuwachs bei der Rüstungsindustrie seit dem Korea-Krieg um über 44 Prozent, wurde das Wirtschaftswachstum deutlich nach oben getrieben.

Doch auch andere Länder rüsten massiv auf – noch nie hat es soviel Aufrüstung wie heute gegeben. Wie schnell so was in Richtung Weltkrieg gehen kann zeigen bspw. die Maßnahmen Russlands, das schon 2007 den KSE Abrüstungsvertrag außer Kraft setzte und damit keine Obergrenzen für schwere Waffen mehr akzeptierte.[38]

Sie sehen also, dass eine Deflation noch viel weiter geht, als den meisten Menschen bewusst ist. Der Ablauf sieht etwa folgendermaßen aus: Aufbau, Überschuldung, Arbeitslosigkeit, Deflation, Krieg, Inflation, Währungsschnitt, Aufbau... Das heißt für Sie, dass Sie in jedem Fall nach der Deflation mit einem Währungsschnitt rechnen müssen. Es gilt also, sich in der Deflation darauf vorzubereiten.

„Die Herrschenden zimmern ihren Thron nicht mehr selbst. Darum wissen sie nicht, wo er brüchig ist“
Karl H. Waggerl

Wenn Sicherheit und Freiheit verspielt sind

Ein anderer heikler Punkt neben dem Krieg ist das restriktive Vorgehen von Staaten in einer Krise. Sobald die Verantwortlichen merken, dass sie keine Kontrolle mehr über die Wirtschaft und damit das Land haben, ist die Gefahr groß, dass sie versuchen mit „Notstandsgesetzen" oder besser ausgedrückt Diktatur die Macht zu behalten. Ihre Freiheitsrechte werden dabei deutlich eingeschränkt. So müssen Sie damit rechnen, dass Sie Ihre Mobilität verlieren und Ausgangs- und Versammlungsverbote verhängt werden. Auch ein Gold- und Bargeld-Besitzverbot ist möglich. Möglicherweise werden große Geldscheine verboten, um die Bargeldhortung der Leute aufzuheben. Möglicherweise wird Bargeld ganz verboten und alles auf überwachbaren bargeldlosen Zahlungsverkehr umgestellt. Die Infrastruktur dafür ist vorhanden: Fast jeder Bürger hat heute schon eine EC-Karte, wie auch der kleinste Laden mit Lesegeräten ausgestattet sein kann. Ein entsprechendes Notstandsgesetz würde genügen, um das Bargeld abzuschaffen. Dann wäre der komplette Handel zentral überwacht. Niemand könnte kaufen und verkaufen, ohne dass der „Große Bruder" sein Auge darauf werfen würde. Schwarzhandel oder Schwarzarbeit wären genauso unterbunden wie eine eigenständige Geldanlage. Begründen könnte man das Ganze mit der Deflation.

Der Großteil der Bevölkerung würde solche Maßnahmen wahrscheinlich noch gutheißen, da die meisten bis dahin ohnehin mittellos sind und die Verantwortlichen „endlich was tun".

Zu erwarten ist ebenfalls eine strikte Überwachung der Bevölkerung. Die Infrastruktur dazu wurde bereits in den letzten Jahren aufgebaut. Mit dem Argument „Kriminalitätsbekämpfung" und „Kampf gegen den Terror" wurde in ein ausgeklügelter Überwachungsstaat geschaffen, Grundrechte, wie die Unverletzlichkeit der Wohnung, ausgehebelt. Gentests sollen jede Person jederzeit identifizierbar

machen. Die Begründung, nur die Kindestötungen bekämpfen zu wollen, geht völlig daneben. Schon seit vielen Jahren gibt es immer weniger solche Verbrechen, während der Medienrummel darüber das Gegenteil suggeriert. Ausgangssperren ließen sich auch jederzeit rechtfertigen. Es müsste nur verkündet werden, dass ein Pockenkranker im Land aufgetaucht sei, und schon würden alle Notstandsmaßnahmen, die fleißig vorbereitet wurden, in Kraft treten: Zwangsimpfungen, Ausgangssperren usw.
Man fragt sich schon, warum solche Maßnahmen vorbereitet wurden, obwohl es weder einen Hinweis auf einen terroristischen Anschlag mit Pockenviren gab noch die Pocken besonders ansteckend wären. Ein Pockenkranker hat hohes Fieber und ist auf das Bett angewiesen, kann also kaum Leute infizieren. Für diese ganzen Vorbereitungen hin zum Überwachungsstaat muss es andere Gründe geben. Alles in allem geht es unter Umständen nur darum, auch in einer wirtschaftlichen Krise die Kontrolle zu behalten. Sie sollten sich in jedem Fall darauf einstellen, dass die gewohnte Freiheit möglicherweise schon bald beschnitten wird.

Zusammenfassung

Eine Reihe von Indizien spricht für eine kommende Deflation: Die Firmen befinden sich in einem Preiswettkampf, die Löhne sinken, Immobilienpreise fallen. Daneben sind die Märkte gesättigt, und Umsätze lassen sich oftmals nur noch über exzessive Werbung oder Betrug erzielen. Dabei ist die Deflation von interessierten Kreisen vermutlich durchaus erwünscht, da sich damit die größten Gewinne in kürzester Zeit machen lassen – zum Schaden der Bevölkerung. Die Deflation ist keineswegs ein Korrekturfaktor von vorausgegangenen Preiserhöhungen, sondern fallende Preise führen direkt zum Stillstand der Wirtschaft. Demgegenüber wollen oder können die meisten Experten die Gefahr gar nicht erkennen – genauso wie die meisten von ihnen auch die Börsenblase bei den Aktien nicht erkannten. Der Staat und die Notenbank können nicht viel gegen eine De-

flation unternehmen. Geradezu fatal sind Vorschläge, zur Behebung der Krise eine Goldwährung einzuführen. Dies würde nämlich die Deflation noch zementieren. Ähnlich verhält es sich beim Euro, der eine unabhängige, angepasste Notenbankpolitik der Staaten verhindert. Weithin vergessen wird, dass eine Deflation in der Regel nur über einen Krieg wieder beendet werden kann. Dazu werden schon im Vorfeld von den Staaten restriktive Gesetze eingeführt und die Freiheit der Bürger beschnitten.
Nun stellt sich die Frage, welche unmittelbaren Auswirkungen eine Deflation auf Sie hat, wenn Sie diese nicht rechtzeitig in Ihre Planungen einbeziehen.

„Der Verstand ist wie eine Fahrkarte:
Sie hat nur dann einen Sinn, wenn sie benutzt wird."
Ernst R. Hauschka

Auswirkungen für den Unwissenden

Als erstes werden Sie die Folgen an Ihrem Arbeitsplatz zu spüren bekommen. So sehr Sie sich über fallende Preise vielleicht freuen, so sehr werden Sie über fallende Löhne erschrecken.

Wenn Arbeit nichts mehr wert ist

In einer Deflation geraten Ihr Arbeitgeber oder Ihr eigenes Unternehmen unter Druck. Einmal sinkt der Umsatz, weil die Kunden auf Schnäppchen warten oder immer weniger kaufen können. Zum anderen kommt der Betrieb in einen ruinösen Wettbewerb, weil die Kaufkraft auf dem Markt immer kleiner wird und sich alle um die Brotkrumen streiten. Deshalb steigt auch die Pleitewelle immer schneller an. Zunehmend können die Firmen den Belastungen und schwindenden Erträgen nichts mehr entgegensetzen und gehen bankrott. Damit wächst die Arbeitslosigkeit, und Ihr Arbeitgeber geht dazu über, Sie an der schlechten Lage in

Form von niedrigeren Löhnen zu „beteiligen". Arbeitszeit und -leistungsanforderung werden schleichend oder kategorisch erhöht, während das Gehalt nach unten tendiert. Mit dem Hinweis auf das steigende Heer der Arbeitslosen können Sie massiv unter Druck gesetzt werden. Dabei ist es trügerisch, darauf zu vertrauen, dass Sie doch schon so lange zuverlässig arbeiten. In immer schlechteren Zeiten nutzt dies kaum etwas. Ihr gewohntes Leben wird, selbst wenn Sie nicht arbeitslos werden, ungemütlicher werden.
Auch wenn Sie Unternehmer sind, sieht es immer schlechter für Sie aus: Sie kommen unter massiven Kostendruck und müssen froh sein, wenn Sie überhaupt noch etwas verkaufen können, wenn auch mit minimalem Gewinn. Es wäre falsch, anzunehmen, dass Ihr Unternehmen einer Deflationskrise entkommen könnte. Selbst wenn Sie in einer Branche tätig sind, welche weniger konjunkturempfindlich ist, wird sich die Konkurrenz stark erhöhen, da dann viele in diesen Bereich drängen.
Sie sollten nicht vergessen: In einer Deflation ist jeder Betrieb früher oder später vom Bankrott bedroht, da diese jede wirtschaftliche Tätigkeit abwürgt.
Es ist völlig gleichgültig, ob Sie als Unternehmer oder Arbeitnehmer tätig sind. Jede Art von Arbeitseinkommen gerät unter Druck, in gleichem Maße, wie der Wert des Geldes zunimmt. Denken Sie an die Zeit der Weltwirtschaftskrise, als in den USA die Menschen mit Schildern umherliefen, auf denen stand „Übernehme jede Arbeit für einen Dollar am Tag". Ein Dollar am Tag war auch damals sehr, sehr wenig! Sie sollten damit rechnen, dass Ähnliches wieder passiert.

Keine Hilfe mehr – der Staat am Ende

Auf den Staat können Sie sich dann nicht mehr verlassen. Sie sollten nicht damit rechnen, dass Sie bei Arbeitslosigkeit in ein weiches Netz aus Erwerbslosenunterstützung fallen. Die ersten Schritte werden bereits getan: War früher die Dauer des Arbeitslosengeld-Bezugs von der Zahl der

Jahre abhängig, in denen eingezahlt wurde, so ist dies Zug um Zug von den Entscheidungsträgern abgeschafft worden. Als letztes wird nun auch die Zeit für ältere Erwerbslose auf maximal ein Jahr verkürzt. Gleichzeitig werden die Freigrenzen immer kleiner, bis zu denen Sie Vermögen besitzen dürfen. Es heißt dann, dass Sie zuerst Ihr Erspartes aufbrauchen müssen, bevor Sie Erwerbslosenhilfe beziehen können. Doch was wird passieren, wenn in einer Deflation Ihre Sparkonten auf der Bank gesperrt sind? Dann haben Sie auf dem Papier „Vermögen“ und das Arbeitsamt wird darauf verweisen, bevor Sie überhaupt Unterstützung bekommen. Dass Sie nicht auf Ihr Vermögen zurückgreifen können, ist dann nicht das Problem des Arbeitsamtes, sondern eine Streitfrage zwischen Ihnen und Ihrer Bank. Wird die Arbeitslosenhilfe noch mit der Sozialhilfe zusammengelegt, dann sind die Hürden noch größer. Sie müssen dann unter Umständen jede Art von Job annehmen, auch zu Minilöhnen. Und wenn erst einmal die Deflation richtig zu greifen beginnt, können Sie darauf gefasst sein, dass die Anforderungen für Arbeitslosenunterstützung erhöht, die Leistungen gesenkt und die Dauer verkürzt wird. Vergessen Sie also besser den Gedanken an staatliche Unterstützung schon heute.
Auch als Beamter sind Sie keineswegs aus dem Schneider. Vielmehr müssen Sie hier damit rechnen, dass Ihr Gehalt ebenfalls massiv beschnitten wird. Zur Zeit der Weltwirtschaftskrise wurden die Gehälter im öffentlichen Dienst immerhin um ein Drittel gesenkt. Alle Arten von Zulagen, die oftmals einen guten Teil des Gehaltes ausmachen, werden wegfallen. Wenn die Krise ganz schlimm wird, dann müssen Sie damit rechnen, einige Monate einmal gar kein Gehalt zu bekommen – so wie das heute im ehemaligen Ostblock schon zum normalen Alltag gehört.
Statt eine Hilfe zu sein, ist vielmehr zu erwarten, dass der Staat für Sie zu einer zusätzlichen Belastung werden wird.

Unerträgliche Steuerlast

Denn auch der Staat wird in der Deflation in eine sehr missliche Lage kommen: Einmal brechen die Steuereinnahmen weg, weil die Löhne sinken, die Arbeitslosigkeit steigt und Unternehmen keine Gewinne mehr einfahren. Zum anderen werden die Ausgaben insbesondere für Sozialhilfe und Arbeitslosengeld explodieren.

Parallel zur Finanzmisere werden die Entscheidungsträger deshalb versuchen, die sinkenden Steuereinnahmen durch höhere und zusätzliche Abgaben auszugleichen. Unsere Verantwortlichen sind inzwischen schon soweit von der Realität entfernt, dass sie nicht erkennen werden, wie mit zunehmenden Belastungen die Wirtschaftskraft und damit wieder die Steuererträge weiter nach unten getrieben werden. Die Abgabenbelastung könnte unerträglich werden. Sie werden kaum noch Leistungen vom Staat erwarten können und nur noch zum reinen Zahlungssubjekt degradiert. Doch die Abgabenerhöhungen haben außer den Mehreinnahmen noch einen anderen Zweck: Was die Entscheidungsträger auf keinen Fall wollen, ist eine offensichtliche Deflation. Eine solche bedeutet automatisch, dass die Verantwortlichen auf der ganzen Linie versagt haben. Deshalb wird zuerst versucht, alle Gefahren totzuschweigen und zu dementieren. Daneben will man Tatsachen schaffen, die oberflächlich betrachtet gegen eine Deflation sprechen. So wird versucht, die Steuern zu erhöhen um damit künstlich die Preise nach oben zu treiben. Besonders gut funktioniert das bei den ehemaligen Staatsbetrieben Bahn, Post und Telekom, da diese teilweise noch Monopolstellungen besitzen. Dabei werden nur die Kosten gesteigert, welche niemand beeinflussen kann. Jeder braucht ein Telefon, also werden einfach die Grundgebühren erhöht. Ähnlich verläuft es bei der Post und der Bahn. Es geht auch anders: indem die Warenmenge vernichtet oder verkürzt wird. Das könnte auch der Grund dafür sein, dass wie vor einigen Jahren plötzlich riesige Lebensmittelbestände vernichtet wurden. So wurde beispielsweise die Maul-Klauen-Seuche dazu benutzt, um ganze Tierherden zu töten, obwohl nur wenige Prozent der Tiere an dieser Krankheit überhaupt sterben. Damit wurden die Lebensmittelpreise nach oben getrieben, und wir hatten plötzlich wieder „Inflation“. Ähnliches geschah mit dem Ölpreis: Es wurden Gerüchte gestreut über eine angebliche Gefährdung der Ölzufuhr oder sogar ganze Kriege im Nahe Osten entfacht, um den Ölpreis trotz abflauender Wirtschaft hochzuhalten. Ergebnis ist wieder eine künstliche Preissteigerung, die von der großen Masse als Inflation missverstanden wird. So verwundert es, dass der Ölpreis ohne handfesten Grund bis heute auf immer neue Rekordniveaus hochgehoben wurde, wo der selbe Preis noch 1999 auf Rekordtiefständen notierte. Weder das Angebot, noch die Nachfrage haben sich in den wenigen Jahren wesentlich geändert – es gibt damit keinen rationalen Grund für die massiven Ölpreissteigerungen. Das Ganze erinnert an die 30er Jahre, als man anfing, Getreide im Meer zu versenken, um die Preise künstlich zu erhöhen, und das, obwohl die Menschen hungerten. Die Parallele findet sich heute darin, dass beispielsweise in Ostdeutschland ganze Wohnsiedlungen abgerissen werden sollen, um den Leerstand zu beseitigen. Damit werden die Mieten wieder hochgetrieben und in der Folge auch die Preissteigerungsrate – schon haben wir wieder „Inflation“.

Der Crash oder wo ist Ihr Geld geblieben?

Die Deflation wird in erster Linie auch bei der Geldanlage zu massiven Änderungen führen. Wenn Sie sich vielleicht heute über ein üppiges Vermögen auf der Bank freuen, dann kann sich das in einer Wirtschaftskrise sehr schnell ändern. Durch den Bankrott von Unternehmen werden die Banken stark erschüttert, weil die vergebenen Kredite nicht mehr eintreibbar sind. Die aufkommende Unsicherheit und zunehmende Bankenpleiten lösen einen Sturm der Sparer auf die Kreditinstitute aus. Da die Kreditinstitute die kurzfristig angelegten Gelder der Sparer langfristig verliehen haben, kann augenblicklich nur ein Bruchteil der Kunden

bedient werden. Früher oder später müssen die Bankschalter geschlossen werden.
Einen Eindruck davon, wie so etwas im großen Stil aussehen könnte, bekommen Sie, wenn Sie die Argentinienkrise betrachten. Wegen der Liquiditätsprobleme des Staates und der Wirtschaft wurden augenblicklich die Bankkonten gesperrt. Die Bankkunden durften nur noch auf kleine Konten oder Bruchteile des Vermögens zugreifen. Ähnliches ereignete sich in Russland 1998 und unter der Weltwirtschaftskrise in den 30er Jahren. Sie können sicher sein, dass es auch in der kommenden Deflationskrise nicht anders laufen wird. Wenn Banken gar bankrott gehen, was ebenfalls eintreten wird, wenn die Krise heftig genug ist, dann können Sie Ihre Einlagen fast ganz vergessen. Auch der Einlagensicherungsfonds kann dann nicht mehr helfen. Dieser Fonds ist ja nur in der Lage und auch nur dafür vorgesehen, kleinere Bankenpleiten abzufangen, nicht jedoch eine regelrechte Pleitewelle. Er hat nämlich nur ein paar Milliarden Euro Volumen und springt explizit nicht ein, wenn eine „allgemeine Finanzkrise" vorliegt. Er ist vergleichbar mit einer Feuerwehr, welche zwar bereit ist, einen kleinen Brand zu löschen, jedoch nicht löscht, wenn die ganze Stadt in Flammen steht. Im Prinzip ist die Einlagensicherung nur eine Beruhigungspille für die Bevölkerung, mehr nicht. Gehen Sie also vorsorglich vom schlimmsten Fall aus, dass Ihre Bank entweder auf der Stelle bankrott ist oder Ihr Guthaben gesperrt wird.

Wenn Wertpapiere nichts mehr wert sind

Ähnlich sieht es mit Ihren sogenannten Wertpapieren, also Aktien, Anleihen, Schuldverschreibungen usw. aus. Wertpapiere sind nur so lange etwas wert, wie der Schuldner bzw. Emittent der Papiere zahlungsfähig ist. Eine Aktie von einem bankrotten Unternehmen ist genauso wertlos wie eine Anleihe eines zahlungsunfähigen Staates. Ebenso verhält es sich mit Schuldverschreibungen einer nicht mehr existenten Bank oder Optionsscheinen eines pleite gegan-

genen Emittenten. Selbst wenn der Schuldner nicht komplett bankrott ist, wird der Wert des Papiers drastisch sinken. Oder wären Sie bereit, beispielsweise für die Anleihe einer wackeligen Firma den vollen Ausgabepreis zu bezahlen? In Krisenzeiten treten vor allem Spekulanten in Erscheinung, die nur noch zu stark reduzierten Preisen kaufen.
Die Konsequenz aus all dem heißt deshalb, dass Sie sich am besten vor und in einer Deflation ganz aus dem Wertpapiermarkt heraushalten. Keinesfalls dürfen langfristige Investments getätigt werden. Denn: Je länger ein Wertpapier, beispielsweise eine Anleihe, läuft, umso stärker reagiert sie auf einen Crash. Läuft eine Geldanlage nur kurze Zeit, so ist die Wahrscheinlichkeit in einer Pleitewelle höher, dass Sie noch etwas vom Ersparten wiedersehen, als wenn diese noch zehn Jahre festgelegt ist. Vergessen Sie nie, dass Sie nicht dazu gezwungen sind, zu investieren. Geld kann warten. Viel besser ist es demgegenüber, am Ende der Deflation Wertpapiere zum Spottpreis zu kaufen statt schon heute zu investieren und dann zu verlieren.

Zusammenfassung

Wer eine Deflation nicht kennt, wird von dieser überrascht werden. Er muss dann erkennen, dass beispielsweise seine Arbeitskraft nicht mehr geschätzt wird. Auch der Staat wird dann seine Leistungen in Form von Arbeitslosen- oder Sozialunterstützung einstellen. Demgegenüber wird versucht, die Steuern und Abgaben anzuheben, um die Verluste im Staatshaushalt auszugleichen. Das muss jedoch die Wirtschaft noch weiter abschwächen. Die Deflation wird gleichzeitig die Banken und Versicherungen in Schwierigkeiten bringen, und Bankenpleiten werden das noch vorhandene Vermögen der Leute reduzieren. Vor allem Aktien, Anleihen und Fonds müssen massive Verluste aufweisen. Wie wenig die Entscheidungsträger aus der Geschichte gelernt haben, wird deutlich, wenn Sie die heutige Entwicklung mit der vor über 70 Jahren vergleichen.

„Autovertreter verkaufen Autos. Versicherungsvertreter verkaufen Versicherungen. Und Volksvertreter?“

Aus der Vergangenheit nichts gelernt - die Weltwirtschaftskrise

Nach dem Börsenkrach in den USA im Oktober 1929 entstand eine große Unsicherheit auf dem Markt, die bewirkte, dass das Kapital sich zurückzog. Im Deutschen Reich waren vor allem zwei Faktoren für die Ausweitung des Zusammenbruchs entscheidend: Der Goldstandard und die Verschuldung. Über den Goldstandard war Deutschland an das Weltwährungssystem angebunden und wurde dabei schnell von der Krise erfasst. Zusätzlich war nach dem Ersten Weltkrieg eine massive Verschuldung in den USA aufgebaut worden. Dabei nahmen die Banken kurzfristige Kredite in Amerika, um das Geld langfristig zu verleihen. Wenn der Rückzahlungstag kam, wurden neue kurzfristige Kredite genommen.

Heute haben wir eine ähnliche Konstellation: Durch den Euro sind wir, wie damals durch den Goldstandard, der Währungssouveränität beraubt. Wie damals, als der Goldstandard erst kurze Zeit vor der Deflation eingeführt wurde (1927), so wurde der Euro teilweise ohne diese zu befragen den Völkern im vereinten Europa verordnet. Die Folgen sind ähnlich: Die Nationen können keine eigenständige antideflationäre Währungspolitik durchführen.

Ab 1927 kam es zu ersten Krisenerscheinungen. Der Zahlungsmittelumlauf ging stetig zurück, es kam zu Konkursen und wachsender Arbeitslosigkeit. Im Jahr 1930 erreichte die ausländische Verschuldung mit 22 Mrd. Mark einen Höhepunkt. Davon war die Hälfte kurzfristige Schulden.

In jüngster Vergangenheit wurden ebenfalls massiv Schulden aufgebaut – mittlerweile befindet sich fast die Hälfte der deutschen Staatsschulden in ausländischen Händen.[39] Zunehmend ging der Staat auch dazu über, mehr kurzfristige Schulden zu machen, um das momentan günstigere

niedrige Zinsniveau zu nutzen. Die Entwicklung wird ähnlich verlaufen wie in den 30er Jahren.
In der Krise wurden die Kredite zunehmend zurückgezogen, und deutsches Währungsgold floss nach Amerika. Der Zusammenbruch der Österreichischen Kreditanstalt am 11. Mai 1931 verursachte eine weltweite Angst um Kapitalanlagen in Deutschland. Die Folge war eine Kapitalflucht, und innerhalb weniger Wochen büßte die Reichsbank Gold und Devisen im Wert von 2 Mrd. Reichsmark ein. Ab Juli 1931 zog sich das Geldkapital vom Markt massiv zurück, da ausländische und deutsche Kunden ihr Geld von den Bankkonten abhoben. Besonders betroffen davon war die Darmstädter- und Nationalbank. Das Kapital der Bank setzte sich aus 2,18 Mrd. Auslands- und nur 0,12 Mrd. Inlandsverschuldung zusammen. Am 13. Juli 1931 stellte die Bank deshalb alle Zahlungen ein. Gleichzeitig übernahm die Regierung die Garantie für die Bank und ordnete für alle Kreditinstitute Bankfeiertage an. Immer mehr Banken mussten später gestützt werden.
Heute ist die Entwicklung ähnlich: Schon seit Jahren sind die deutschen Banken und Versicherungen in einer ernsten Krise. Zunehmend kam es zu Konkursen. Die weltweit drittgrößte Ratingagentur Fitch stellte in einer Studie fest, dass zwei Drittel aller Lebensversicherer wegen ihrer schlechten Kapitalausstattung für weitere Kursrückgänge an den Börsen schlecht gerüstet seien. Es seien solch hohe Abschreibungen fällig, dass diese für eine Vielzahl von Assekuranzen existenzbedrohend seien.[40] Es bedarf also nur noch einer weiteren Verschlechterung auf dem Finanzmarkt, und es kommt zu einem Zusammenbruch.
Aus den USA bereitete sich die Krise weltweit aus, weil Amerika versuchte, massiv Geld aus allen Ländern abzuziehen. Die tiefere Ursache für die schnelle Verbreitung der Krise lag jedoch in der Golddeckung des Geldes. Mit dem Goldindex waren alle Währungen weltweit vom Goldpreis abhängig. Es kam hinzu, dass dieser Preis falsch angesetzt war. Obwohl der Preisindex seit dem Ersten Weltkrieg durchschnittlich um 50 Prozent gestiegen war, wurden die Goldstandards aufgrund der alten Preisindizes festgelegt.

Bezüglich des Goldstandards waren damit die Preise um etwa 40 Prozent überbewertet. Damit war der Goldpreis zu niedrig festgesetzt, und die Goldproduktion wurde unrentabel. Das Angebot an dem Edelmetall sank, und die Golddeckung ging stetig zurück, obwohl die wachsende Wirtschaft eine Ausweitung des Geldumlaufs benötigt hätte. Das Auftreten der ersten Spannungen hatte ein Zurückziehen des Goldes zur Folge, und die Notenbanken mussten umlaufendes Geld einziehen, um den Goldstandard aufrechtzuerhalten. Die Preise verfielen und gleichzeitig wurde die Entwicklung durch eine Korrektur der Warenpreise zum Gold weiter angeheizt. Ein nochmaliger Verfall der Warenpreise um 40 Prozent war die Folge.
Zum falsch festgelegten Goldkurs gibt es heute die Parallele zum falschen Euro-Kurs. Insbesondere für Deutschland wurde der Euro-Kurs zur Einführung der Einheitswährung viel zu hoch angesetzt – es war gewissermaßen eine Aufwertung der D-Mark, ohne dass es dafür wirtschaftliche Gründe gegeben hätte. Durch den Euro waren dann plötzlich die deutschen Waren für das Ausland viel zu teuer. Damit wurde für Deutschland die deflationäre Entwicklung noch zusätzlich verstärkt.
Die Wirtschaftskrise wirkte sich besonders in Nordamerika und Deutschland verheerend aus. Eine Beschreibung aus Kanada beleuchtet die drastische Verschlechterung der Lebensumstände. Das zeigt Ihnen deutlich, womit Sie zu rechnen haben.

„Wer in der Zukunft lesen will,
muss in der Vergangenheit buchstabieren.“
Andre Malraux

Auswirkungen der Deflation in Kanada

Wie schnell die Entwicklung vom Boom zur tiefen Depression vonstatten ging, zeigte sich damals: Innerhalb von sieben Monaten gerieten Amerika und die übrige Welt in

eine Depression. Die Arbeitseinkommen sanken drastisch. In Kanada reduzierten sich die Löhne beispielsweise je nach Region um zwischen 49 und 71 Prozent. Gleichzeitig gingen die Warenpreise durch die entstandene Deflation herunter. Eine Getreidemenge, welche 1929 noch zu 1,61 Dollar verkauft wurde, war 1932 nicht einmal mehr für 38 Cent zu veräußern. In der Deflation lohnte sich nicht einmal mehr die Ernte, da die Selbstkosten für den Anbau höher lagen als der zu erwartende Gewinn. Hier zeigte sich die fatale Eigenschaft einer deflationären Abwärtsspirale, weil wegen des Geldmangels das Getreide teilweise gar nicht mehr zu verkaufen war. Die Erlöse sanken, während die Nebenkosten, wie zum Beispiel der Transport, relativ hoch blieben. Wenn zum Beispiel jemand einen Stier verkaufen wollte, waren die Kosten für den Transport zum Markt höher als der zu erwartende Gewinn. Aufgrund mangelnder landwirtschaftlicher Nutzung wegen der Krise und dem Ausbruch einer Dürre wurden große Flächen in Nordamerika in eine Wüste verwandelt.
Die Entwicklung könnte bald noch viel dramatischere Ausmaße annehmen: Heute gibt es die kleinräumig strukturierte Landwirtschaft nicht mehr, die auch noch produziert, wenn es sich nicht rentiert. Der gesamte Agrarsektor wurde durch fleißige Unterstützung der EU-Bürokratie in eine Agrarindustrie verwandelt. Hoch verschuldete Unternehmen produzieren Nahrungsmittel. In einer Krise fällt dann die ganze Produktion schlagartig aus.
Neben den Warenpreisen brachen auch die Boden- und Immobilienpreise ein. Häuser und Boden verloren 90 Prozent ihres Wertes. Verheerend waren die Folgen für den Arbeitsmarkt. Da sich die Gütererzeugung wegen der niedrigen Preise nicht mehr lohnte, wurden Beschäftigte entlassen. Auf zwei Stellen einer kanadischen Obstplantage bewarben sich beispielsweise über 200 Menschen. Der Lohn wurde dadurch auf 10 Cent je Stunde gedrückt.
Diesmal könnte uns Ähnliches drohen, wenn die Immobilienblase in den USA und Europa platzt. Dann werden die Preise für Häuser und Grundstücke kräftig stürzen und die Deflation noch weiter anheizen. Auch die Löhne werden

stärker sinken, und die Arbeitslosigkeit wird deutlicher ansteigen, weil die Wirtschaft heute viel stärkere Konzentrationsprozesse durchmachte als in den 30er Jahren.
Es gab in Kanada keinerlei Unterstützung von Bedürftigen, weder Arbeitslosengeld noch Sozialhilfe. Auch die Arbeitsbedingungen wurden immer weiter verschärft. So arbeiteten viele Arbeiter nur noch auf Abruf, Pausen oder Vergünstigungen wurden restlos gestrichen. Oftmals mussten Beschäftigte unterhalb der gesetzlichen Mindestlöhne arbeiten.
Diese Erscheinung wird sich zwangsläufig auch in der kommenden Deflation wiederholen. Im Zuge der Globalisierung wurden in den letzten Jahren die Löhne weltweit deutlich unter Druck gebracht, was sich in der Krise noch verstärken wird.
Auf der ganzen Welt wurden in den 30er Jahren Handelsbeschränkungen erlassen, der Welthandel brach zusammen. Die Regierungen ignorierten zum großen Teil die Vorkommnisse. Das Interesse der Menschen an Politik sank auf ein Minimum. Politische Zeitungen waren nicht zu verkaufen. In den USA kam es zu einer drastischen Zunahme der Kriminalität. Bank- oder Raubüberfälle waren an der Tagesordnung. Die Gewinner der Deflation waren diejenigen, welche ihr Geld rechtzeitig in Sicherheit gebracht hatten oder Arbeitsstellen in starken Industriebereichen behielten. Diese konnten die sinkenden Preise für günstige Käufe nutzen. Erst der Zweite Weltkrieg beendete die Krise. Im Jahr 1941 war die Depression durch die anlaufende Kriegsindustrie zu Ende.
Für uns sind besonders die Veränderungen in Deutschland durch die Wirtschaftskrise interessant.
Parallelen zur heutigen Zeit sind deutlich zu sehen: Nur wer sich bereits im Vorfeld der Deflation richtig verhält, kann aus der Krise als Gewinner hervorgehen. Wer die Gefahren ignoriert oder mit falschen Vorstellungen in die Krise gerät, muss verlieren.
Betrachten Sie nun, wie es in der Deflation in Deutschland aussah.

Deutschland in der Krise

Nach den USA war das Deutschland am stärksten von der Krise betroffen. Der Grund dafür lag darin, dass etwa drei Viertel der kurz- bis mittelfristigen Auslandskredite für langfristige Investitionen eingesetzt worden waren. Durch den deflationären Prozess sank das Bruttosozialprodukt in der Weltwirtschaftskrise 1929 um 5, 1930 um 4,2, 1931 um 12,1 und 1932 um nochmals 5 Prozent. Deshalb mussten immer mehr Betriebe Insolvenz beantragen. Die Zahl der jährlichen Konkurse verdoppelte sich zwischen 1928 und 1931.

Deutlich wird daran, dass bereits ein Rückgang des Wirtschaftswachstums um nur fünf Prozent massive Auswirkungen auf dic Wirtschaft hat. Die Pleitewelle ist ebenfalls schon heute zu spüren.

Es entstand ein Teufelskreislauf aus sich verringernder Kaufkraft, zurückgehender Nachfrage, sinkender Produktion und weiteren Entlassungen, wodurch sich die Dauerkrise in der Landwirtschaft verstärkte. Viele kleine und mittlere Bauern konnten ihre Schulden nicht mehr abbezahlen und gingen finanziell zugrunde. Besonders die Maßnahmen der damaligen Regierung Brüning waren fatal, da sie, um einen ausgeglichenen Haushalt vorzuweisen, die direkten Steuern und indirekten Abgaben erhöhte.

Ähnliches ist heute wieder zu erkennen: Auch jetzt, nicht erst in der Krise, sondern schon davor, versuchen die Politiker, an allen Ecken und Enden außer bei sich selbst (Stichwort: Diätenerhöhung) und in ihrem ausgewucherten bürokratischen Apparat zu „sparen", womit die deflationäre Entwicklung erst richtig in Fahrt kommt. Sie könnte hier zu Lande insbesondere durch Einschnitte im aufgeblähten öffentlichen Dienst noch einmal für eine Weile aufgehalten werden. Dies kann jedoch nur eine temporäre Erscheinung sein und ändert nichts an der Grundtendenz.

Die Massenarbeitslosigkeit überstieg bei weitem die Möglichkeiten der Arbeitslosenversicherung. Deshalb wurden die staatlichen Sozialzuwendungen zurückgefahren und die Löhne und Gehälter im öffentlichen Dienst gesenkt.

Die Kürzung von Gehältern im öffentlichen Dienst geschieht ebenfalls bereits durch Streichung von Urlaubs- und Weihnachtsgeld. Andererseits sind in Deutschland jedoch immer noch leicht steigende tarifliche Gehälter zu verzeichnen.
Es zeigte sich schnell, dass die Maßnahmen der Regierung die Krise weiter verschärften. So kam es zu einer deflationären Abwärtsspirale, weil sich durch die Absenkung der Einkommen die Kaufkraft verringerte. Dadurch ging die Produktion weiter zurück, während die Arbeitslosigkeit rapide anstieg. Auf Arbeitslosenunterstützung war zu dieser Zeit kaum Verlass, und je länger die Krise anhielt, desto mehr Arbeitslose fielen spätestens nach 26 Wochen (über 40-Jährige nach 39 Wochen) aus der bescheidenen Arbeitslosenversicherung heraus. Danach erhielten sie bis zu 39 bzw. 52 Wochen eine deutlich reduzierte, bedürftigkeitsgebundene Krisenunterstützung. Schließlich konnten sie nur noch die winzige rückzahlungspflichtige kommunale Wohlfahrtsunterstützung in Anspruch nehmen. Von den 4,7 Mio. Arbeitslosen im Frühjahr 1931 bezogen 43 Prozent Arbeitslosengeld, 21 Prozent Leistungen der Krisenfürsorge und 23 Prozent Zuwendungen der Wohlfahrtsunterstützung. Der Rest erhielt überhaupt keine Unterstützung.
Auch heute, nachdem die vielgepriesenen Maßnahmen der Hartz-Kommission wirkungslos verpufft sind und sich herausstellte, dass sich ein Großteil der Bürokratie in den Arbeitsämtern eigentlich nur selbst beschäftigt, werden Leistungen gekürzt. Die Bezugsdauer für Arbeitslosengeld wurde gesenkt, die Anspruchsbedingungen verschärft, die Zuwendungen eingeschränkt.
In der Weltwirtschaftskrise gingen auch die Ersparnisse der Deutschen verloren oder wurden gesperrt. Nach Beginn der Krise konnten die Bankkunden nur noch in beschränktem Umfang über ihr Guthaben verfügen. Durch den Goldstandard war die Regierung nicht in der Lage, dem Markt zusätzliches Geld zur Verfügung zu stellen. Als erstes Land koppelte England deshalb das Pfund Sterling am 21. September 1931 vom Goldstandard ab, um es 20 Prozent abzuwerten. Damit wurde die Lage für Deutschland noch

ungünstiger, weil der Wert der Reichsmark im Ausland stieg und deutsche Produkte ihre Konkurrenzfähigkeit auf dem Weltmarkt verloren.

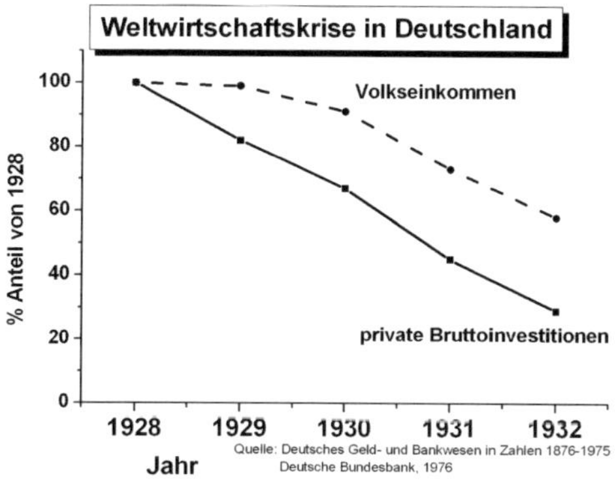

Abb.5: Rückgang der Investitionen und des Volkseinkommens in der Deflation

Brüning entschloss sich deshalb zu einer weiteren Verschärfung des Deflationsdrucks: Nach der Notverordnung vom 6. Oktober 1931 konnten Arbeitslose nur noch 20 statt 26 Wochen Leistungen erhalten. Die Folge der Maßnahme zeigte sich in einem erneuten Anstieg der Arbeitslosigkeit. Ende Februar 1932 gab es 6,1 Mio. registrierte Erwerbslose, mit den nicht gemeldeten Arbeitslosen waren es über 7,6 Mio. Die Depression entwickelte sich aus dem Crash in sehr schnellem Tempo.
Die kommende Entwicklung könnte noch viel schneller ablaufen, da einmal die Überbewertung des Börsenniveaus größer ist und zum zweiten die Verschuldungsgrade deutlich höher als damals liegen. Es ist dabei mit einer großen Anzahl von Unternehmensbankrotten und Bankenpleiten zu rechnen, durch welche die Kaufkraft der Bevölkerung empfindlich getroffen wird. Mit zunehmenden faulen Krediten kommen gleichzeitig die Banken in Schwierigkeiten und müssen die Auszahlungen einschränken oder ebenfalls Bankrott anmelden. Viele Sparer werden dabei ihr Vermögen verlieren. Die Arbeitslosenunterstützung wird wie in

den 30er Jahren sehr schnell eingeschränkt werden. Wie damals werden die Regierungen und Notenbanken nichts gegen die Deflation unternehmen, da alle auf die reine Inflationsbekämpfung eingeschworen wurden. Wenn der Euro schließlich zerbricht, wird sich der Grad des Zusammenbruchs nochmals steigern.
Um ein weiteres Beispiel für eine Deflation zu finden, müssen wir jedoch nicht bis in die 30er Jahre zurückgehen. Japan, die zweitgrößte Wirtschaft der Welt, befindet sich schon seit Jahren in einer Deflation.

Japan in der Deflation

Gerade hier ist es interessant, zu klären, wie es soweit kommen konnte. Diese Erkenntnisse werden es Ihnen erleichtern, die Parallelen zur heutigen Zeit zu erkennen.
Nach einem Übereinkommen der USA mit Japan, die japanische Währung zum Abbau des amerikanischen Handelsbilanzdefizits höher zu bewerten, verdoppelte sich der Yenkurs innerhalb von zwei Jahren. Dadurch brach die Exportquote Japans ein, und die Notenbank versuchte, den Schock für die Wirtschaft durch schnelle Zinssenkungen abzufedern. Der Leitzins wurde deshalb innerhalb eines Jahres von 5 auf 2,5 Prozent abgesenkt. Gleichzeitig wurde das Finanzsystem liberalisiert, und die Banken bekamen das Recht, eigene Kredite zu vergeben. Wegen der niedrigen Zinsen konnten die Unternehmen günstig Kredite aufnehmen und diese spekulativ einsetzen. Das heißt, sie kauften hauptsächlich Immobilien, in der Erwartung, dass im übervölkerten Japan die Grundstückspreise weiter steigen müssten.
Damit kam es zu einer gefährlichen Verkettung der Geschehnisse: Billige Kredite ermöglichten es der Wirtschaft, verstärkt Immobilien nachzufragen, was deren Preis erhöhte. Durch steigende Immobilienpreise wuchs gleichzeitig auch die Bewertung der Betriebe an der Börse, und die Firmen konnten wieder neue Sicherheiten für Kredite bieten, womit die Aktien weiter kletterten. Wie schon 1873

und 1929 wurden durch den Anstieg der Börsenkurse auch immer mehr Kleinanleger an die Börsen gelockt, und die Experten unterstützten die Manie noch durch immer neue Rechtfertigungen für die gestiegenen Kurse. Die Blase platzte, als die Zinsen im Herbst 1989 wieder stiegen und viele Unternehmen nicht mehr in der Lage waren, ihre Kredite zu bedienen. Durch Zwangsverkäufe von Immobilien kamen die Preise unter Druck, und die Aktienkurse folgten der Entwicklung.

Jetzt zeigte sich auch die verhängnisvolle Wirkung der Überschuldung: Da eine große Anzahl der Unternehmen ihre Schulden nicht mehr bezahlen konnte, sammelten sich bei den Banken immer mehr faule Kredite an. Das ganze Finanzsystem wurde dadurch gefährdet. Allein die 17 größten Banken des Landes mussten in den letzten Jahren 10 Prozent der gesamten Wirtschaftsleistung Japans abschreiben. Die Banken verweigerten in der Folge die Vergabe weiterer Kredite und erzeugten damit eine Deflation. Der Aktienmarkt verlor zwei Drittel seines Wertes.

Dass es nicht sofort zu einer sich selbst verstärkenden deflationären Abwärtsspirale kam, lag daran, dass die japanische Regierung keine Banken pleite gehen ließ. Seit 1991 wurde der Zins immer weiter abgesenkt mit der Wirkung, dass Geld damit noch weniger gern verliehen wurde als vorher (Liquiditätsfalle!). Der Konsum brach ein, weil die verunsicherten Verbraucher lieber das Geld horteten und auf noch günstigere Preise in der Deflation warteten.

Ab 1992 versuchte die Regierung, die Wirtschaft durch großangelegte Sanierungsprogramme in Gang zu bringen. Der Erfolg war, dass die Staatsverschuldung durch neun erfolglose Programme auf über eine Billion Euro explodierte. Bei dieser hohen Verschuldung gibt es kaum noch einen Ausweg, da ein Anstieg des Zinsniveaus die Zahlungen des Staates enorm belasten würde. Dieser wäre dann gezwungen, die Steuern drastisch zu erhöhen, was der Wirtschaft den Rest geben würde. Auch der Verfall der Immobilienwerte ist noch nicht zu Ende, da die Banken bisher nur einen kleinen Teil übertragener Werte verkauf-

ten. Sobald diese jedoch beginnen, die Realwerte abzustoßen, wird es zu einem erneuten Preisdruck kommen.[41]
Fassen wir die Entwicklung noch einmal zusammen: Auslöser der Deflation war eine drastische Absenkung der Leitzinsen, was eine Immobilien- und Börsenspekulation auslöste. Die Blase platzte, als die Zinsen wieder stiegen, Zwangsverkäufe von Immobilien einsetzten und den Aktienmarkt damit ebenfalls unter Druck brachten. Faule Kredite bei den Banken entstanden, und die Preise begannen zu fallen. Ähnlich verlief die jüngste Entwicklung auch in den USA.

„Eine Immobilienblase ist noch viel gefährlicher als eine Aktienblase, weil viel mehr Haushalte betroffen sind und weil Banken und Versicherungsgesellschaften noch stärker getroffen werden. Wenn die Blase platzt, kommt es in beiden Fällen zu Anpassungsproblemen."
Otmar Issing, Chefvolkswirt der Europäischen Zentralbank[42]

Parallelen Japan/USA – die Immobilienblase

Interessant sind die Parallelen, die es heute bei uns und in den USA zu Japan in den 80er Jahren gibt. Wie wir gesehen haben, waren Zinssenkungen in Japan eine der Hauptursachen dafür, dass der Aktienmarkt aufgebläht wurde und die Immobilienspekulation einsetzte. Eine ähnliche Entwicklung ist heute ebenfalls zu beobachten: Der Aktienmarkt in den USA und noch mehr in Europa verlor seit dem Höchststand im März 2000 massiv an Wert und stieg erst in den Folgejahren wieder an.
Deshalb versuchten die Notenbanken in der Krisenzeit, durch eine ständige Absenkung der Leitzinsen der zunehmenden Abschwächung der Wirtschaft entgegenzusteuern. So senkte beispielsweise die amerikanische Notenbank den Leitzins in 13 Schritten von über 6 Prozent innerhalb weniger Jahre auf unter 1 Prozent im Jahr 2003.

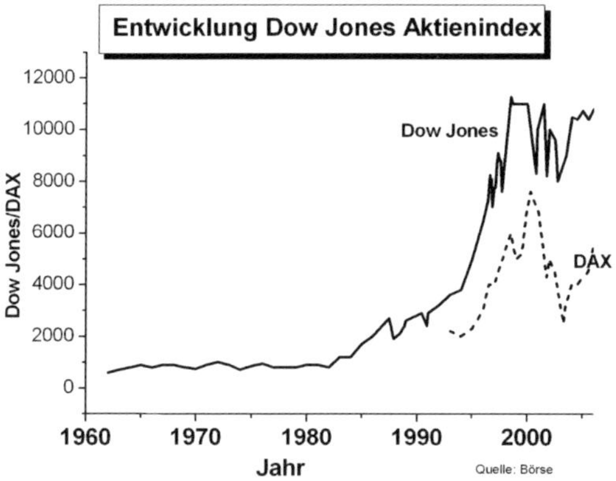

Abb. 6: Kursverlauf USA/Deutschland

Mit den sinkenden Zinsen war – wie in Japan - eine Aufblähung der Immobilienspekulation zu verzeichnen. Zunehmend wurden Hypothekenkredite aufgenommen und Häuser gekauft. Die Preise stiegen entsprechend. Fast die Hälfte des Marktes für private Wohnungsbaudarlehen wird von den beiden halbstaatlichen Hypothekenbanken Fannie Mae und Freddie Mac beherrscht. Diese kaufen Hypotheken auf, bündeln und verbriefen sie und machen sie daher für den Durchschnittsamerikaner billiger. Da die einst staatlich gegründeten Institute zudem von zahlreichen Offenlegungsvorschriften der Börsenaufsicht befreit sind und ihnen beim Finanzministerium eine jederzeit abrufbare Kreditlinie von 2,5 Mrd. Dollar zur Verfügung steht, schließen viele Bürger daraus, dass die Regierung im Notfall einspringen wird. Das ist jedoch nicht sicher und aufgrund der hohen Staatsverschuldung unwahrscheinlich. Dennoch waren die Wertpapiere sehr begehrt und trieben die Immobilienpreise ins astronomische. Dazu kommt, dass die Forderungen dieser beiden Institute noch auf unterschiedliche Zinssätze lauteten, worauf spekulative Derivate im Wert von über einer Billion Dollar abgeschlossen wurden.[43] Dies bedeutet ein hohes Ausfallrisiko, wenn sich das Marktumfeld ändert oder es zu einem Crash kommt. Dann

wird sehr schnell die gesamte Wirtschaft in einen Abgrund gerissen.
Wie in Japan haben wir also in den USA zurückgehende Zinsen, steigende Immobilienpreise, wachsende Verschuldung und Spekulation. Platzt die Immobilienblase, so wird es die gleichen Folgen wie in Japan haben: Die Preise für Häuser werden plötzlich einbrechen. Damit wird das Vertrauen in das Finanzsystem erschüttert, und es kommt zu einem Rückzug des Geldes vom Markt. Da die Hypotheken nicht mehr durch den Wert der Immobilien gedeckt sind, entstehen faule Kredite bei den Banken. Eine Bankenkrise gefährdet das Vermögen der Bevölkerung. Das Ergebnis ist eine Deflationsspirale.
In Japan verlief die Entwicklung Anfang der 90er Jahre relativ milde, weil die Verluste teilweise durch höhere Exporte in eine aufstrebende Weltwirtschaft kompensiert werden konnten. Wenn jedoch die USA als weltweit größter Importeur ausfallen, dann bricht auch ganz schnell der Welthandel zusammen, und die Deflation verbreitet sich weltweit. Vor allem Deutschland wäre dann davon betroffen, weil es erheblich vom Export abhängig ist. Hier geht etwa ein Drittel des Bruttosozialprodukts in den Export.

Zusammenfassung

Ein Blick in die Geschichte zeigt, wie sich eine Deflation auf die Bevölkerung auswirkt. Es entstehen Armut, Massenarbeitslosigkeit und Elend. Bei genauer Betrachtung wird deutlich, dass heute alle Faktoren, die für eine Deflation nötig sind, wieder vorhanden sind: massive Verschuldung, aufgeblähte Aktienkurse, überhöhte Immobilienpreise, niedrige Zinsen. Gerade die Entwicklung in Japan zur Deflation zeigt deutlich die Parallelen beispielsweise zu den USA.
Interessant für Sie ist es hier, zu sehen, wohin solch eine Wirtschaftskrise führen kann, um zu erkennen, auf welche Bedingungen und Veränderungen in der Gesellschaft Sie sich einstellen müssen.

„Nur für den Erbärmlichen ist die Welt erbärmlich,
nur für den Leeren leer“"
Ludwig Feuerbach

Veränderung einer Gesellschaft in der Krise

Um eine Vorstellung davon zu bekommen, wie sich eine Gesellschaft in einer Wirtschaftskrise verändert, ist es interessant, Länder anzusehen, in denen sich solche Katastrophen bereits ereigneten. Die Ergebnisse dort sind nur bedingt auf die deutsche Gesellschaft übertragbar, weil es in diesen Regionen andere Anfangsvoraussetzungen gab und dort eine andere Mentalität herrscht. Trotzdem zeigen sie grundsätzlich auf, wie sich das Zusammenleben der Menschen und die öffentliche Ordnung verändern.

Der ehemalige Ostblock - Krise ohne Ende?

Nach dem Zerfall der Sowjetunion versanken diese Länder nach einer anfänglichen Euphorie in einer tiefen Wirtschaftskrise. Innerhalb kurzer Zeit waren die vormals staatlichen Industriezweige und das Volksvermögen in der Hand weniger superreicher Oligarchen. Brisant wurde es vor allem 1998, als Russland seine Zahlungsunfähigkeit erklären musste und den Großteil seiner Notenbank-Devisen verlor. Ein drastischer Verfall der Landeswährung mit einer Bankenkrise setzte ein. Trotz anderslautender Meldungen befinden sich die GUS-Staaten in einer sich immer weiter verschlimmernden Wirtschaftskrise. Es ist falsch, hier nur die offiziellen Wachstumszahlen zu betrachten. Viel wichtiger ist es, zu beachten, dass ein Großteil des Wachstums in die Hand einer Minderheit gelangt und der breiten Masse kaum hilft. Zum anderen war der Zuwachs in den letzten Jahren zum guten Teil auf vorübergehende Steigerungen von Rohstoffpreisen und damit besserer Exporterträge zurückzuführen. Wie gefährdet beispielsweise Russland für einen neuen Wirtschaftscrash ist, das belegen Zahlen der Ratingagentur Standard & Poors: Wie vor dem Finanzkollaps 1998, so sind heute auch wieder 50-75 Prozent der Kredite „potenziell problematisch" – also vom Ausfall bedroht. Experten reden sogar davon, dass Russland „die weltweit erste virtuelle Ökonomie" sei, weil gerade einmal 15 Banken überhaupt als solche arbeiteten, während die übrigen Institute in ganz andere Geschäfte verwickelt sind. Die russischen Banken sind meist einfach Finanzabteilungen der hinter ihnen stehenden Konzerne oder betreiben nur Transaktionen zugunsten ihrer Eigentümer. Standard & Poors stellte deshalb auch das russische Bankwesen in eine Reihe mit Krisen-Ländern wie Argentinien oder die Türkei. Wie gestört der Geldkreislauf ist, wird auch daran deutlich, dass die Russen nur 7 Prozent des Bruttoinlandsprodukts bei Banken angelegt haben, nahezu 60 Mrd. Dollar sind als „Matratzengeld" zu Hause.[27] Deutlich wird an diesen Zahlen, dass die Wirtschaft in Russland und den anderen GUS-Staaten massiv gestört ist und es nur eine Frage der Zeit bis zur nächsten Finanzkrise ist. Erfahrungsberichte widerlegen ebenfalls den angeblichen Aufschwung im ehemaligen Ostblock und zeigen Ihnen, was Sie bei einer Krise hierzulande zu erwarten haben:

Die Realität: Lebensalltag im zerfallenden ehemaligen Ostblock

Stellen Sie sich einmal vor, Sie würden heute in einem Land des zerfallenen Ostblocks leben, etwa in Russland, der Ukraine, Moldavien oder Rumänien. Nach dem Niedergang des Ostblocks wurden die meisten Industriebereiche geschlossen – also hätten Sie unter Umständen schon lange keinen Arbeitsplatz. Die Arbeitslosigkeit stieg dramatisch an, Sie erhielten daher kaum Arbeitslosenunterstützung, Sozialhilfe oder dergleichen. Selbst wenn Sie eine Stelle im noch verbliebenen Staatsdienst hätten, würden Sie keine 30 Euro im Monat erhalten – eine Bezahlung unterhalb des Existenzminimums. Da dies zum Leben nicht reicht, wären Sie auf ein Zusatzeinkommen, beispielsweise durch Korruption, angewiesen.

Schulen und Universitäten

Ihre Kinder wären vielleicht in der Schule. Doch diese würden von Ihnen eigentlich nicht vorgesehene Gelder für Prüfungen oder auch nur den normalen Unterricht verlangen. Falls Sie nicht zahlen könnten, hätten Ihre Kinder kaum eine Möglichkeit, die Schule zu beenden, egal wie gut sie wirklich sind. An den Universitäten gelten die gleichen Regeln: Hier läuft das Ganze unter dem Deckmantel von „privatem Zusatzunterricht", für den Sie hohe Preise zahlen müssten. Zeugnisse kosten Geld. Reiche Eltern kaufen die nötigen Papiere einfach. Nicht selten tritt überhaupt nur ein Bruchteil der Schüler oder Studenten zur Prüfung an. Die können sie ohnehin nicht bestehen, ohne Schmiergelder zu zahlen. Was würden Sie sagen, wenn Ihr hochbegabtes Kind durch eine Prüfung fällt weil Sie nicht bezahlen konnten und minderbemittelte Kinder mit „sehr gut" bestehen, weil Geld geflossen ist? Was bedeutet es für die Psychologie eines Kindes, wenn der Lehrer in die Prüfung Fehler dazuschreibt, um die angeblich schlechte Note begründen zu können? Dies wäre für Sie ganz normal, weil Sie wüssten, dass die Einkommen im Staatsdienst ein normales Leben nicht mehr sicherstellen können.
Allein in Russland zahlten die Eltern über 400 Millionen Dollar Bestechungsgelder nur für die Aufnahme ihrer Kinder an einer Universität – 20 Prozent mehr als noch ein Jahr zuvor. Die Bestechungskosten nur für den Eintritt ins Studium liegen dort bei bis zu 25.000 Dollar. Während des Studiums muss weiter für die Korruption bezahlt werden. In Russland werden über 4 Milliarden Dollar pro Jahr dafür umgesetzt.[44] Wenn jedoch über längere Zeit nicht mehr nach Leistung, sondern nur noch nach Geldzahlungen bewertet wird, dann kommt die ganze Gesellschaftsstruktur in Unordnung. Unfähige, aber zahlungskräftige Menschen kommen dann in hohe Positionen, während fähige, aber arme Leute keine Möglichkeit haben, aufzusteigen. Eine positive Gesellschaftsentwicklung ist allein dadurch schon

fast ausgeschlossen. Jedoch sind diese Missstände nicht nur auf den Lehrbereich beschränkt, sondern durchziehen den gesamten staatlichen Bereich.

Polizei, Kriminalität und Verwaltung

Würden Sie beispielsweise Opfer einer Gewalttat werden, dann könnten Sie sich den Gang zur Polizei fast sparen. Bei der Polizei werden Gewalttaten häufig gar nicht mehr verfolgt. So werden beispielsweise kriminelle Handlungen im häuslichen Bereich überhaupt nicht bearbeitet. Nach einem Anruf bei der Polizei wird Ihnen erklärt, dass man für solche Lappalien kein kostbares Benzin für die Autos opfert. Auch wenn Sie niedergeschlagen und ausgeraubt werden, versandet Ihr Fall schnell in der Bürokratie, und die Akten sind dann eines Tages „nicht mehr auffindbar". Wegen der geringen Bezahlung ist die Polizei meist wenig motiviert, vorschriftsmäßigen Dienst zu verrichten. Die Kriminalität ufert unter solchen Bedingungen aus – für Sie wäre das mit der Zeit ein normaler Zustand. Auch Ihr Eigentum wäre ständig bedroht. Vielleicht würden Sie eines Nachts aufwachen, weil gerade die Stahlblechverkleidungen Ihres Aufzugs herausgerissen werden, um sie als Altmetall zu verkaufen. An Ihre Tür kämen öfters harmlos aussehende Bettler. Sie wüssten jedoch: Öffnen Sie die Tür, könnten plötzlich bewaffnete Banditen im Hintergrund erscheinen und Sie ausrauben. Verständlicherweise hätten Sie deshalb ständig Angst. Zu bedauern sind die im Erdgeschoss lebenden Menschen, weil sie leicht durch das Fenster besucht und ausgeraubt werden können. Wenn Sie auch nur Wäsche draußen oder auf dem Balkon aufhängen, sollten Sie gut aufpassen, dass diese nicht gestohlen wird. Ihre Blumen oder Ihr Fahrrad vor dem Hauseingang verschwinden innerhalb von Minuten. Taschendiebstahl gehört zum normalen Alltag. Doch die Korruption geht noch weiter: Sind Sie auf irgendwelche Papiere angewiesen, dann ist es besonders katastrophal an Stellen, welche stark nachgefragt sind. Wollen Sie beispielsweise mal ein Visum für Westeuropa, dann geht ohne Extrazahlungen häufig gar nichts. Dort sind die Angestellten oft korrupt. Visas werden nicht selten rein willkürlich vergeben. Für an sich kostenlose Formulare werden von Ihnen ganze Monatsgehälter verlangt. Firmen, welche Beziehungen zu Angestellten in den Botschaften haben, bieten Visas an, welche für 500 Dollar sofort und ohne die vorgeschriebene Nachprüfung ausgestellt werden. Wer legal ein Visum erlangen möchte, bekommt hingegen häufig massive Schwierigkeiten, obwohl alle Papiere in Ordnung sind. Durch die geringe Bezahlung von Angestellten und Staatsdienern wird eine regelrechte Korruptionskultur geschaffen. Unter diesen Umständen kann eine Besserung der Missstände gar nicht stattfinden. Je länger eine solche fatale Entwicklung anhält, umso mehr verroht eine Gesellschaft.

Arbeit und Leben

Durch den Abbau der Industrie sind viele Menschen arbeitslos geworden. Eine richtige Produktion findet, außer in der Landwirtschaft, nicht mehr statt. Der Hauptumsatz läuft nur noch mit Handel. Das würde für Sie bedeuten, dass Sie wahrscheinlich zu den bis zu 70 Prozent der Bevölkerung gehören würden, welche auf dem Markt tätig ist. Das heißt, Sie kaufen Alltagswaren geringfügig billiger und verkaufen sie wieder teurer. Meist gehören die Marktstellen wenigen reichen Besitzern, für die Sie zu einem Hungerlohn arbeiten müssten. Normales Leben ist unter solchen Umständen für Sie kaum noch möglich. Sie könnten dann überhaupt nur existieren, weil sie keine Gelder für Miete, Strom und Heizung mehr bezahlen. Das ist zwar nicht rechtmäßig, und Ihnen drohte jederzeit die Obdachlosigkeit, doch hätten Sie mit Ihrem geringen Einkommen kaum eine andere Wahl. Aus diesem Grund haben die Stromerzeuger und Heizungsbetreiber nur wenig Einnahmen, können nur wenig Kohle oder Öl kaufen. Deshalb würden Heizung und Strom für Sie vor allem im Winter oft einfach abgestellt. Die kalte Wohnung ohne Licht gehörte zum Alltag. Kleidung für Sie würden zum guten Teil aus Sammlungen in Westeuropa stammen, da Sie sich Neuware – bei Preisen wie bei uns – kaum leisten könnten. Die Obdachlosenrate ist ebenfalls extrem hoch. Ihre Kinder würden, wenn sie entfernt vom

Wohnort studierten, gezwungen sein, teilweise auf dem Bahnhof oder unter Brücken zu leben.

Medizin
Die medizinische Versorgung wird nach außen hin kostenlos angeboten - was jedoch nicht heißt, dass Sie nichts bezahlen müssten. Wenn Sie beispielsweise einen Unfall, aber kein Geld hätten, dann bekämen Sie eben keine Medikamente, kein Verbandmaterial etc. Die normalen Krankenhäuser sind, der Finanzsituation der Länder entsprechend, dürftig ausgestattet. So kommt es sogar vor, dass bei einer Entbindung nicht einmal warmes Wasser zur Verfügung steht. Der ehemalige Ostblock zeigt Ihnen, wie weit eine Wirtschaft und somit Gesellschaft abrutschen kann. Doch die Ausgangssituation bei uns ist in einer Krise eher noch schlechter!

Unterschiede ehemaliger Ostblock – Mitteleuropa

Hier stellt sich dann die Frage, wie sich bei uns die Gesellschaft verändern wird. Im Gegensatz zum ehemaligen Ostblock haben wir immerhin einige Unterschiede, die sich in der Krise negativ bemerkbar machen werden: Wir haben einen hohen Lebensstandard, wohingegen dieser im ehemaligen Ostblock schon immer deutlich niedriger war. Die Menschen im Osten sind von Grund viel stärker darauf eingestellt, unter ungünstigeren Bedingungen zu existieren. Es ist dort beispielsweise ganz normal, dass bis zu 40 Prozent der Lebensmittel selbst angebaut werden. Demgegenüber ist der Kleingartenbau in Mitteleuropa beinahe ausgestorben. Außer in Kleingartenvereinen und in Gärten auf Dörfern und in Siedlungen werden Lebensmittel fast nur noch durch die Agrarindustrie produziert. Die nachbarschaftliche Hilfe ist bei uns ebenfalls nicht selbstverständlich, während im ehemaligen Ostblock gerade dies häufig die letzte Stütze ist. Auch der familiäre Zusammenhalt ist

bei uns viel kleiner als im Osten. Dort ist es ganz normal, dass auch entfernte Verwandte zu Hause in einer Miniwohnung aufgenommen werden, wenn die Verhältnisse es nicht anders erlauben. Bei uns wäre so etwas undenkbar.
Dazu kommt, dass Mitteleuropa, speziell Deutschland, völlig übervölkert ist. Es gibt keine Freiflächen mehr, in die sich eine mittellose Stadtbevölkerung ausdehnen könnte. Auch die Ansprüche der Menschen in Osteuropa sind bedeutend niedriger als bei uns. Plötzliche und massive Veränderungen in einer Krise haben deshalb bei uns ganz andere Auswirkungen. Jetzt stellt sich die Frage, wie eine Deflation mit Wirtschaftskrise bei uns aussehen könnte.

Veränderungen bei uns

Stellen Sie sich vor, dass der Großteil der Bevölkerung auf ein Einkommensniveau abrutscht, das unter dem Existenzminimum liegt. Gesellschaftlicher und familiärer Zusammenhalt existiert nur noch am Rande. Sie können also keineswegs davon ausgehen, dass sich die Menschen untereinander helfen. Eher wird das Gegenteil der Fall sein.
Wenn die Preise zu fallen beginnen, dann wird sehr schnell der Transportsektor getroffen werden. Bedenken Sie, dass diese Branche schon jetzt so knapp kalkulierte, dass sogar schon die geringfügige Erhöhung der Treibstoffpreise etlichen Firmen den Bankrott bescherte. Ähnlich sieht es bei den großen Agrarfabriken aus. Eine Krise bringt also sehr schnell Versorgungsprobleme mit sich, weil einerseits die Transporte zusammenbrechen und andererseits die Erzeugung wegen Überschuldung in Gefahr kommt. Verlust des Einkommens und Vermögens, unsichere Versorgungslage, Bankrotte, Armut usw. können dann sehr schnell zu Unruhen führen.
Bedenken Sie, dass unsere Konsumgesellschaft anders als zur Zeit unserer Großeltern oder im ehemaligen Ostblock keinerlei Erfahrung mit Krisen hat. Die Jugend ist desorientiert und verroht, der Egoismus ist weit verbreitet. Eine Bereitschaft, Einschränkungen hinzunehmen, ist besonders

bei jungen Menschen kaum vorhanden. Andererseits ist auch immer mehr Leistungsunmut festzustellen. In den Schulen bestehen die Anstrengungen eher darin, die Lehrer von Forderungen abzubringen. Wer sich befleißigt, riskiert, als Streber gebrandmarkt zu werden.
Dazu kommt, dass es zusätzlich noch Probleme mit der Kunstwährung Euro geben wird, wenn es zu massiven Kapitalverschiebungen im Euro-Raum kommt.
Das alles wird national und international zu Spannungen führen. Ich will Ihnen keine Angst machen, sondern nur aufzeigen, wohin eine Deflation führt.

Zusammenfassung

Wie sich eine Gesellschaft verändert, die in eine Dauerkrise schlittert, lässt sich anhand des ehemaligen Ostblocks verfolgen. Dort herrschen weitgehend Armut und Korruption. Nur einige wenige Oligarchen haben sich in relativ kurzer Zeit einen Reichtum angeeignet, wie ihn selbst amerikanische und westeuropäische Multimillionäre nicht vorweisen können. Dies ist ein Grad von Unausgewogenheit wie zu Zeiten des Feudalismus. Eine Gesellschaft zerbricht förmlich, wenn solche Zustände länger andauern. Gegenüber dem ehemaligen Ostblock ist der Westen mental überhaupt nicht auf eine Krise eingestellt. Jahrzehnte des Wohlstands haben die Menschen verwöhnt und verweichlicht. Es gibt keinen echten gesellschaftlichen Zusammenhalt, die Scheidungsrate ist hoch, und die Familie als Keimzelle der Gesellschaft ist untergraben. Die Jugend wird durch eine Spaßkultur benebelt, durch Medien, welche sich nur noch an Verkaufszahlen und Einschaltquoten orientieren, desorientiert und hat das Maß zwischen Geben und Nehmen verloren. Dies alles gilt für Westeuropa ebenso wie für die USA, der oftmals der Ursprung dieser fatalen Entwicklung zugeschrieben wird.
Nun stellt sich die Frage nach der richtigen Strategie, um auf eine Deflation zu reagieren.

„Der Narr sagt, was er weiß; der Kluge weiß, was er sagt."
Maggid

Strategien in einer Deflation

Deflation ist eine Bedrohung des Wohlstands. Als erstes geht es folglich darum, diesen zu wahren, also keinen Schaden zu nehmen. Darauf ist das Hauptaugenmerk zu legen. Daneben kann man versuchen, bestimmte Entwicklungen zum Vorteil zu nutzen.
Wie wir gesehen haben, wird in der Deflation der Geldwert aufgewertet. Sachwerte, Löhne und Gehälter werden hingegen abgewertet. Besonders schmerzlich ist dies im Hinblick auf Schulden.

„Die wahre Vollendung des Menschen liegt nicht in dem, was er besitzt, sondern in dem, was er ist."
Oscar Wilde

Schulden - die Todesfalle

Warum sind Schulden mit Blick auf eine kommende Krise so kritisch zu betrachten? Die meisten Bürger denken ja, Schulden seien in der Krise nützlich. Sie nehmen an, dass diese dann entwertet werden. Doch wie wir bereits gesehen haben, ist dies keinesfalls der Fall, wenn Sie bedenken, dass alle großen Wirtschaftskrisen gerade Deflationen und nicht Inflationen waren.

Schulden in der Deflation
Da die Löhne sinken, die Zinslasten jedoch in etwa gleich bleiben, muss immer mehr Arbeitskraft aufgewandt werden, um die Kredite zu bedienen. Im Fall einer Krise unter den besprochenen Szenarien würde Ihre Verschuldung einen großen Verlust von Freiheit bedeuten. Sie sind dann auf das Wohlwollen des Gläubigers angewiesen und können keinen eigenen Krisenplan entwerfen. In einer deflationären Phase sinkt Ihr persönliches Einkommen schnell,

Ihr Kredit muss jedoch weiter in gleichbleibender Höhe bedient werden. Innerhalb kurzer Zeit können Sie dann möglicherweise den Kredit nicht mehr wie vereinbart bedienen, es kommt zur Zwangsvollstreckung. Doch auch wenn Sie Ihre Verpflichtung weiter erfüllen, besteht Gefahr durch die Schulden. Das meist unterschätzte Risiko der Verschuldung liegt hier für Sie darin, dass die als Sicherheit für die Banken eingetragenen Vermögenswerte in der Deflation rasch an Wert verlieren. Die Bank für internationalen Zahlungsausgleich wies bereits darauf hin, dass sich ein anhaltend sinkendes Preisniveau als gravierendes Problem für die Banken erweisen könnte, wenn die Kreditsicherheiten an Wert verlieren. Die Banken wären dann gezwungen, ihre Kreditpolitik zu verschärfen. Die Kreditinstitute werden, um ihre Zahlungsfähigkeit und die Entstehung „fauler", also ungedeckter Kredite zu verhindern, schnell von der Zwangsversteigerung Gebrauch machen. Da viele Pfandobjekte in der Krise verkauft werden, sinken die Preise drastisch. Bei einer Zwangsversteigerung wird deshalb Ihre Kreditsicherheit weit unter dem heutigen Preis verkauft. Sie haben dann beispielsweise Ihr Haus verloren, bleiben jedoch, da der Verkaufspreis nicht den Kredit abdecken konnte, weiter mit Schulden beladen zurück. Was die wenigsten wissen: Nach einem Urteil des Bundesgerichtshofes kann eine Bank den Kreditvertrag kündigen, wenn eine „wesentliche Vermögensverschlechterung" eintritt. Das heißt, wenn Sie arbeitslos werden, liegt bereits solch ein Fall vor.[45] Bis zur Zwangsversteigerung ist es dann oft nicht mehr weit.

Doch es drohen auch noch andere Gefahren: So wurde im Jahr 2006 bekannt, daß deutsche Banken in der Größenordnung von damals 38 Mrd. Euro Kredite an amerikanische Firmen verkauften, welche sich das Ziel setzten, damit so schnell wie möglich große Gewinne einzufahren. Wenn es Probleme bei der Tilgung gab, wurde der Kreditvertrag umgehend gekündigt und der Pfandwert (Immobilie) gewinnbringend verkauft. Wenn die Kredite vertragsgemäß bedient wurden, gab es am Ende der Kreditlaufzeit keine Weiterfinanzierung, was oft ebenfalls im Ruin der Schuldner endete, da keine Anschlußfinanzierung mehr möglich war. Oder es wurden in diesem Fall die Zinsen um 50% angehoben, was ebenfalls vom Schuldner nicht mehr tragbar war. Deutlich wird an diesem Beispiel wieder die nicht kalkulierbare Abhängigkeit, in die man sich mit Schulden begibt.[46] Unter Umständen ist im Fall einer schweren Depression auch mit einer Verschärfung der Gesetzeslage zu rechnen, um Banken vor dem Zusammenbruch zu bewahren. Dies würde bedeuten, dass von der Zwangsvollstrekkung schneller als heute üblich Gebrauch gemacht würde. Schulden sind also in einer Deflation äußerst gefährlich. Doch selbst wenn Sie von einer Inflation ausgehen, lohnt sich die Verschuldung nicht, sondern ist im Gegenteil ebenso äußerst gefährlich.

Schulden in der Inflation

Bei einer normalen Inflation erhöht sich durch den preistreibenden Effekt der Kreditzins, weil der Geldverleiher die zu erwartende Preissteigerungsrate auf den Zins aufschlägt, um nach Rückzahlung der Schuld nicht weniger Kaufkraft als ausgeliehen zurück zu bekommen. Je kurzfristiger die Zinsen vereinbar sind, umso ungünstiger wirkt sich das aus. Angenommen, Sie hätten sich mit 100.000 Euro bei 5 Prozent Jahreszins verschuldet, dann bedeutet dies eine Zinslast von 5.000 Euro im Jahr. Steigt nun die Inflation plötzlich um 5 Prozentpunkte an, so sollte der kurzfristige Kreditzins dies nachvollziehen, also auf 10 Prozent steigen. Ihre Zinslast verdoppelt sich damit auf 10.000 Euro im Jahr. Wenn Sie nun einen Inflationsausgleich beim Lohn von 5 Prozent bekommen, so bedeutet dies bei einem Einkommen von 20.000 Euro netto im Jahr einen Inflationsausgleich von nur 1.000 Euro. Durch die Preissteigerung müssen Sie also effektiv 4.000 Euro mehr Zinslast tragen als vorher. Es kommt also durch eine Inflation in keiner Weise zu einer Reduzierung Ihrer Zinslast, sondern im Gegenteil: Über höhere Zinsen müssen Sie letztlich noch mehr für Ihren Schuldendienst aufopfern. Allenfalls im Falle einer Hyperinflation wie im Jahr 1923 werden Sie entschuldet. Dabei verfällt der Geldwert viel schneller als

dies mit den Zinsen nachvollzogen werden kann. Doch ist eine solches Ereignis so schnell nicht zu erwarten. Dies bedeutet, dass eine steigende Inflationsrate heute für Sie genauso schnell den Ruin bedeuten kann wie eine Deflation. Besser sieht es natürlich aus, wenn Sie eine lange Zinsfestschreibung haben, da Sie dann nicht sofort von der Zinserhöhung getroffen werden.
Schnell wird deutlich, dass Schulden, ob man nun mit Inflation oder Deflation rechnet, problematisch werden können. Schulden lohnen sich damit in der heutigen Situation für einen Privathaushalt nur dann, wenn in vernünftiger Relation Wohneigentum als bekanntlich beste Alterssicherung angestrebt wird – dafür sind jedoch die Preise für Immobilien in den meisten Regionen viel zu hoch. Darüber hinaus sollten Sie lieber den Grundsatz Ihrer Großeltern beherzigen, dass man sich nur dann etwas leisten kann, wenn man vorher gespart hat.
Das Überstehen einer Deflation hängt, wie Sie sehen konnten, in erster Linie davon ab, wie viel freies Geldkapital Ihnen zur Verfügung steht. Hier entscheidet sich, ob Sie Gewinner oder Verlierer der Entwicklung sein werden. Es ist also anzuraten, schon vor der Deflation zu sparen. Um das eigene Sparpotenzial zu erkunden, lohnt es sich, zuerst einmal die größten Kostenfaktoren zu untersuchen.

„Spare in der Zeit, so hast du in der Not"

Neben der Schuldenfreiheit ist das Sparen für Sie die wichtigste Maßnahme, um sich auf eine Deflation vorzubereiten. Alles, was Sie heute an Geld sparen, können Sie in der Deflation nicht nur mehr als gut gebrauchen, sondern damit sogar viel mehr kaufen als heute. Das Sprichwort „Spare in der Zeit, dann hast du in der Not" ist also aktueller denn je. Als Faustregel gilt, dass Sie für die kommende Deflation mindestens so viel Kapital besitzen sollten, dass Sie davon bei sparsamer Lebensweise fünf bis zehn Jahre existieren könnten. Da dies für viele nicht zutrifft, sollten Sie sich das Sparen angewöhnen. Je früher Sie dies tun, umso leichter

fällt es Ihnen in der Krise. Anderenfalls durchleben Sie eine Art Schock, wenn Sie von einem freigiebigen zu einem sparsamen Lebenswandel gezwungen werden. Dieser Schockzustand hindert Sie dann daran, effektiv die Situation zu meistern. Beachten Sie auch, dass Sie über die Ausgaben eine viel bessere Kontrolle haben als über Ihre Einnahmen. Ihr Einkommen kann in einer Krise zusammenschmelzen, ohne dass Sie etwas dagegen unternehmen können. Ihre Ausgaben und Ihren Lebensstandard haben Sie selbst in der Hand. Gelingt es nicht, ein hohes Einkommen zu erzielen, gibt es immer noch die Möglichkeit, seinen Lebensstandard zu reduzieren. Damit gewinnen Sie Unabhängigkeit und Freiheit, was vor allem in der Deflation unschätzbar wertvoll sein wird.
Doch eine sparsame, unauffällige Lebensweise hat noch weitere Vorteile.

- Sparen als Grundvoraussetzung einer Krisenvorbereitung
- Gespartes Geldvermögen sollte fünf bis zehn Jahre für die nötigsten Ausgaben reichen

Unauffällig leben zahlt sich aus

Weiterhin ist es für Sie wichtig, zu erkennen, dass es nicht nur unnötig ist, sondern sogar gefährlich sein kann, seinen Wohlstand zur Schau zu stellen. Sie sollten also überlegen, ob es immer ein teueres Auto oder die schickste Kleidung sein muss. In guten Zeiten schaffen Sie sich damit höchstens Neider, aber in schlechten kommt die Gefahr hinzu, dass Sie erpresst werden, dass man bei Ihnen einbricht oder sogar versucht, Sie oder Angehörige zu entführen. Wo meinen Sie, werden Kriminelle in Krisenzeiten zuallererst vorbeischauen, bei Leuten, welche immer auf großem Fuß gelebt haben, oder bei jemandem, der kaum auffiel?
Daneben verschleudern Sie mit solch einem Lebensstil unnötig Geld, das Ihnen dann in der Krise fehlt. Der Grundsatz im Hinblick auf eine Krise lautet also: Auf nied-

rigem Niveau leben! Das heißt nicht, dass Sie schlechter leben als bisher – nur kostenbewusster. Schnell wird Ihnen dann deutlich, dass Lebensqualität keineswegs mit dem Ausgeben von Geld gleichzusetzen ist. Ein guter Rat ist, immer eine Klasse tiefer zu konsumieren, als Sie es sich leisten könnten. Völlig falsch ist es übrigens, vom äußeren Erscheinungsbild auf das Vermögen eines Menschen zu schließen. Nicht umsonst sind eine ganze Anzahl wirklich reicher Leute eher schlicht gekleidet, fahren ein kleines oder gar kein Auto und pfeifen auf Image. Ein Milliardär und Großindustrieller in Süddeutschland beispielsweise fährt immer mit der Bahn und nur 2. Klasse. Seine Kinder benutzten ältere Fahrräder und normale Kleidung, und auch ihm merkt niemand an, wie reich er ist. Lernen Sie daraus! Vermögen hat nichts mit Image zu tun. Demgegenüber sind nicht selten diejenigen, die großspurig leben, alles andere als wohlhabend, oft verschuldet und ständig in Gefahr, in Krisenzeiten ganz von der Bildfläche zu verschwinden.

- Protzige Lebensweise ist gefährlich!
- Echte Gewinner leben sparsam.

„Wenn Du wüsstest, wie selten andere Menschen über Dich nachdenken, wäre es Dir egal, was sie denken.“

Vom Hoch- zum Tiefstapler

Viel klüger ist es, sich das Herausstellen des eigenen Besitzes abzugewöhnen. Manche sind heute schon so an dieses ständige „Übertrumpfen“ des Nachbarn und Prahlen mit Besitz gewöhnt, dass sie sich gar kein anderes Leben mehr vorstellen können. Da wird es manchem Angeber in der Krise so gehen wie einem Familienvater, der luxuriös wohnte, teure Autos und alles nur vom Besten hatte. Als der schöne Schein drohte, durch Überschuldung einzustürzen, brachte er Frau und Kinder mit einer Axt um und hängte sich auf. Er definierte sein Leben nur nach oberflächlichen Äußerlichkeiten, ohne inneren Halt zu haben –

so etwas kann in guten Zeiten funktionieren, scheitert jedoch in jedem Fall in der Krise. Das ist die Geschichte eines Verlierers und Versagers, dem noch viele folgen werden. Viel besser ist es, dieses aus Amerika kommende dumme Imagedenken endgültig zu begraben und zu den heimlichen Gewinnern zu gehören.
Für eine Krise ist Tiefstapelei, also das Untertreiben des eigenen Besitzes, erheblich vorteilhafter. Weisen Sie beispielsweise Ihre Kollegen des öfteren auf Ihre „knappe Kasse" hin oder erzählen Sie den Nachbarn von „finanziellen Problemen". Sie werden staunen, wie schnell sich so etwas in der Nachbarschaft verbreitet. In der Deflation kommt dann niemand auf die Idee, bei Ihnen etwas holen zu wollen. Genauso könnten Sie sich etwas schlechter kleiden, als es eigentlich Ihrem „Image" entspricht. Insgesamt geht es darum, dass Nachbarn, Verwandte ihr wirkliches Vermögen eher unterschätzen. Dann wird auch in der schlimmsten Krise niemand auf die Idee kommen, dass bei Ihnen was zu holen wäre. Bei Geschäftskontakten, bei denen Sie angemessen auftreten müssen, vermeiden Sie es, dass diese Ihre Privatanschrift erfahren. Richten Sie sich ein Postfach ein. Vielleicht wollen Sie sogar eine Tarnadresse nutzen. Möglich und bequem ist das ganz einfach, indem Sie einen Nachsendeauftrag bei der Post stellen, die künftig Ihre an die Tarnadresse gesandte Post an Ihren wirklichen Wohnort weiterleiten. Selbstverständlich legen Sie auf dem Antrag fest, dass niemand Ihre Nachsendeanschrift erfahren soll. Die Hinweise stellen natürlich den Extremfall eines auf eine Krise eingestellten Tiefstaplers dar. Es soll selbstverständlich nicht Ihre Lebensfreude unter der geänderten Lebensweise leiden. Trotzdem sollten Sie daran denken, dass ein nach außen hin niedrigerer Lebensstandard durchaus Vorteile bringen kann. Das Vermögen wird weitläufig (fälschlicherweise) anhand der zur Schau gestellten Automarke beurteilt. Deshalb ist es gerade hier nötig, eine Klasse tiefer zu greifen, womit Sie auch eine Menge Geld sparen können.

- Geben Sie sich ärmer als Sie sind!

„Wer etwas ist, bemüht sich nicht zu scheinen.
Wer scheinen will, wird niemals etwas sein."
Rückert

Neu- oder Gebrauchtwagen?

Es lohnt sich besonders, keinen Neuwagen mehr anzuschaffen, sondern einen Vorführ-, Einjahres oder gut erhaltenen Gebrauchtwagen. Der wichtigste Aspekt sind hier wieder die Kosten. Dies wurde nicht zuletzt schon im Jahr 2004 deutlich, als der renommierte Marktbeobachter Eurotax-Schwacke bekannt gab, dass der durchschnittliche Wertverlust für Neuwagen nach drei Jahren Nutzung nur noch 54 Prozent betrage – ein Jahr zuvor waren es noch 57,8 Prozent. Ursache dafür seien die hohen Rabatte für Neuwagen (aufgrund deflationärer Kaufzurückhaltung der Kunden), welche in Folge die Preise für Gebrauchtwagen senkten.[47] Das gilt heute, in einer massiven Deflation fällt der Verlust noch viel massiver aus, weil das Angebot an Gebrauchtwagen steigt und die Nachfrage sinkt. Ein Auto ist also von vornherein eine Investition mit garantiertem Verlust – ein reines Konsumgut und als Anlage höchst ungeeignet. Es ist also ratsam, hier so wenig Geld wie möglich auszugeben. Ein Auto ist primär eine Maschine, wie Geschirrspüler, Wäschetrockner, Elektroherd und eine Vielzahl anderer nützlicher Dinge im Haushalt. Es dient dazu, Sie von Punkt A nach Punkt B zu bringen. Niemand würde auf den Gedanken kommen und versuchen durch einen besonderen Wäschetrockner den Neid der Nachbarn zu erwecken und sein Image mit dem Besitz dieses Gerätes aufzupolieren. Beim Auto ist das leider anders. Doch können Sie es sich wirklich leisten, für Prestige 5.000 bis 10.000 Euro zu verpulvern? Lohnt es sich, härter zu arbeiten, nur um sich einen neuen fahrbaren Untersatz leisten zu können? Das neue Auto gehört nun einmal zu den Hauptkostenfaktoren für einen Haushalt. Nicht selten wird hier mehr Geld ausgegeben als für die gesamten Wohnkosten.

Kaufen Sie demgegenüber einen rostfreien, gut erhaltenen Gebrauchtwagen, dann sieht die Bilanz schon ganz anders

aus. Ein fünf Jahre alter Wagen ist beispielsweise schon halb abgeschrieben – hat also kaum noch Wertverlust. Zwar zahlen Sie hier höhere Steuern, doch sparen Sie sich eine teuere Vollkaskoversicherung und müssen allenfalls etwas höhere Wartungskosten einplanen. Was die wenigsten berücksichtigen, ist auch der Zinsverlust bei Finanzierung, bzw. Ihr eingesetztes Kapital. Kaufen Sie einen günstigen Gebrauchtwagen statt einen Neuwagen, dann haben Sie eine Menge Kapital übrig, das Sie zinsbringend anlegen können!
Beispielrechnung für einem Mittelklassewagen und einem vergleichbaren älteren Gebrauchtwagen (Beträge jeweils in Euro/Jahr)

	Neuwagen	Gebrauchtwagen
Kaufpreis	20.000	2.000
Zinsverlust		
4Prozent/Jahr	800	80
Wertverlust	2.000	400
Steuer	200	320
Wartungskosten	200	500
Summe-Kosten/Jahr	3.600	1.100

Mit anderen Worten: Sie sparen in dieser Beispielrechnung 2.500 Euro jedes Jahr. Nicht vergessen sollten Sie, dass Sie beim Gebrauchtwagen immer noch 18.000 Euro zur freien Verfügung haben, die Sie in der Deflation einsetzen können, um sich dann einen wirklich guten Wagen oder vielleicht sogar Ihre Wunschimmobilie zu kaufen. Demgegenüber sind Sie mit dem Neuwagen voll auf der Verliererseite. Kaufen Sie also besser ein Auto, das älter als fünf Jahre ist und sparen Sie den Wertverlust von 50 Prozent an.
Auch wenn für Sie Geld keine Rolle spielt, Sie also leicht den Wertverlust und die Unkosten eines Neuwagens tragen können, sollten Sie nicht vergessen, dass heutzutage das Vermögen eines Menschen anhand seines Autos beurteilt wird. Sie erregen also mit einem neuen, teuren Modell in Ihrer Nachbarschaft Aufsehen und Neid, was Ihnen in der

Krise negative Folgen bescheren könnte. Dann besser den teuren Neuwagen für geschäftliche Kontakte und zu Hause den Gebrauchtwagen.
Wenn Sie sich dazu entschließen, ein älteres, gut erhaltenes Modell zu erwerben, hat dies zusätzliche Vorteile. Ältere Autos sind oftmals zuverlässiger, weil auf überflüssigen Elektronik-Schickschnack verzichtet wurde – was wichtig in der Krise ist. Bei neuen Automodellen müssen Sie laufend damit rechnen, dass irgendein Chip ausfällt und Ihr Fahrzeug zum Stehzeug wird. Wie die Pannenstatistik des ADAC zeigt, sind Elektronik und Zündanlage der Autos die Hauptursachen für Pannen. Ein Auto, das also nur mit einem Minimum an Elektronik auskommt, hat nur ein halb so hohes Pannenrisiko. Besonders anfällig erwiesen sich elektronische Baugruppen, wie Wegfahrsperren oder Steuergeräte der Zündanlage. Wenn es bei Neuwagen Probleme gibt, dann kann in vielen Fällen nicht einmal der nette Nachbar als Kfz-Mechaniker mehr helfen, da der Schaden nur aufwendig durch kompletten Austausch der Elektronik behoben werden kann. In einer Krise geraten Sie mit solch modernem Elektronik-Spielzeug schnell in die Klemme und verlieren Ihre Mobilität. Ein einfach aufgebautes Auto können Sie demgegenüber leicht selber oder in einer „Hinterhofwerkstatt" reparieren. Experten weisen darauf hin, dass es von unseren heutigen Autos nie Oldtimer geben wird. In etwa 20 Jahren werden die verwendeten Chips und Platinen defekt und Ersatzteile nicht mehr verfügbar sein. Dieses Beispiel zeigt bereits, dass die heutige Technik in Bezug auf eine Krisenzeit ungünstig ist. Es zeigt Ihnen auch, dass Sie bei einem Neuwagen nicht einmal darauf hoffen können, dass in Zukunft der Wert steigt, weil es ein Oldtimer wird. Der einzige Vorteil, den die modernen Autos haben, ist ihre Sicherheit durch Airbags usw. Doch nicht nur die Reparaturmöglichkeiten sollten Sie im Auge behalten. Vor allem ist in einer kommenden Krise auch mit Versorgungsproblemen zu rechnen.

- Gebrauchtwagen sind viel billiger als Neuwagen.

Treibstoff – Versorgungsschwierigkeiten in der Krise

Da eine Deflation meist mit einem ökonomisch begründeten Krieg einhergeht, werden in Zukunft vor allem die Länder des Nahen Ostens Kriegsschauplätze sein. Es wird dann zu Lieferschwierigkeiten beim Öl kommen. So sehr die meisten Preise fallen werden, der Ölpreis wird wahrscheinlich drastisch steigen. Da gerade in einer Krise Mobilität wichtig ist, sollten Sie nicht mit Ihrem Fahrzeug wegen Treibstoffmangel liegen bleiben. Was heute die wenigsten beachten, ist der benötigte Treibstoff für ihr Auto. Besitzen Sie, wie die meisten bei uns, ein Fahrzeug, das Super oder Benzin benötigt, so hat dies von vornherein gewichtige Nachteile: Einmal sind Sie in der Wahl des Treibstoffes wenig flexibel. Werden die Tankstellen geschlossen, so sitzen Sie sehr schnell buchstäblich auf dem Trockenen. Dazu kommt, dass sich Benzin nur maximal ein Jahr lagern lässt, was darüber hinaus in Mengen noch verboten und gefährlich ist. Große Vorräte sind also ausgeschlossen, und Sie sind auf das Funktionieren des Tankstellennetzes angewiesen. Steigt der Benzinpreis dann in einer Krise in astronomische Höhen, ist schnell Schluss mit Ihrer Mobilität. Anders sieht es aus, wenn Sie ein älteres Dieselfahrzeug besitzen. Diesel lässt sich einmal viel länger lagern (einige Jahre), und zum anderen ist die Brandgefahr ungleich kleiner. Ein Dieselmotor ist nicht sehr wählerisch in Bezug auf den Treibstoff. Er fährt auch mit Heizöl (Benutzung als Treibstoff verboten!), verträgt aber auch Anteile von Benzin. Und das Wichtigste: Er fährt mit reinem Pflanzenöl. Salatöl können Sie im Supermarkt kaufen und gefahrlos in größerer Menge lagern. Sie brauchen weder Angst vor dem Auslaufen des Öls haben (Umweltschutz!) noch eine Brandgefahr wie bei Benzin befürchten. Pflanzenöl ist auch in einer Krise unabhängig von den Tankstellen erhältlich. Hier zahlt es sich wieder aus, ein älteres Fahrzeug zu besitzen, da die neueren Direkteinspritzer-Dieselfahrzeuge ohne Umbau Salatöl nicht verarbeiten können. Als Regel gilt allerdings, je kühler es ist, desto mehr Diesel sollte dem Pflanzenöl beigemischt werden. Im Sommer kann man problemlos bis auf 70 Prozent Salatöl im Treibstoff gehen. Es versteht sich von selbst, dass Sie Ihre Werkstatt fragen, bevor Sie mit Ihrem Fahrzeug Experimente machen.

- Dieselautos machen unabhängiger.

Doch an erster Stelle der Kosten steht bei vielen das Eigenheim, für das hohe Kredite abbezahlt werden müssen.

Eigenheimbesitzer oder Mieter?

Wie wir gesehen haben, steigt in einer Deflation der Wert Ihres Geldes, doch es sinkt Ihr Einkommen oder fällt durch Arbeitslosigkeit ganz weg. Auf der anderen Seite werden Ihre Schulden aufgewertet – sie müssen also immer mehr leisten, um Ihren Verpflichtungen nachkommen zu können. Einen Kredit, den Sie heute vielleicht noch gut bedienen können, kann in schlechteren Zeiten untragbar werden.
Daneben sinkt der Wert Ihrer Kreditsicherheit (beispielsweise Immobilien), und früher oder später wird die Bank zusätzliche Sicherheiten fordern bzw. Ihr Pfandobjekt oder Haus verkaufen. Die Kombination aus sinkenden Einkommen und ebenfalls zurückgehendem Wert Ihrer Sicherheit bricht Ihnen dabei schnell das Genick. Im schlimmsten Fall wird Ihre Immobilie dann zwangsversteigert, was nur einen kleinen Teil des Kredits abdeckt, und Sie bleiben weiter schuldbeladen zurück – allerdings ohne Haus.
Dazu kommen noch andere Gefahren: So ist zu befürchten, dass der Staat die Bodensteuern massiv erhöht, weil unsere „Volksvertreter“ bei den Eigenheimbesitzern noch erhebliche abzuschöpfende Vermögen wittern. Der Druck für den Hausbesitzer wird also noch viel drängender werden, selbst wenn er keine Schulden hat. Noch schlimmer wird es aussehen, wenn jemand Zweitwohnungen besitzt. Hier können die Steuereintreiber beliebig zugreifen und müssen nicht

einmal befürchten, dass sich jemand mit dem Argument wehrt, dass ihm die Lebensgrundlage (wie beim eigenen Haus) entzogen wird. Dazu kommt: Immobilien wurden über Jahrzehnte hochspekuliert und beginnen erst seit kurzem zu fallen. Warum also kaufen, wenn die Preise am höchsten sind?

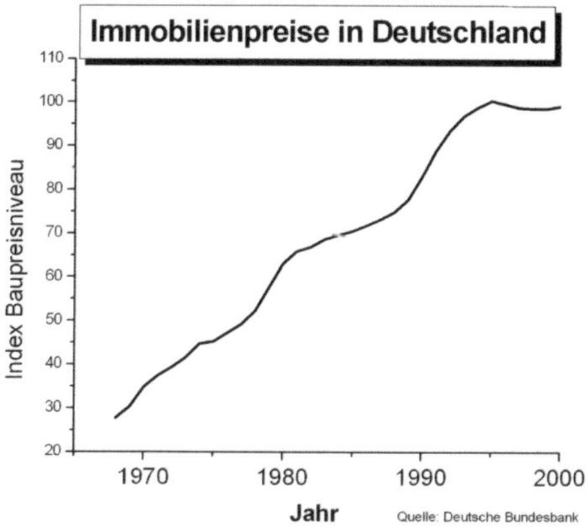

Abb.6: Immobilienpreise in Deutschland

Viel klüger ist schon heute, sich gar nicht erst in diese Falle zu begeben. Da Immobilien im Wert eher fallen werden, ist es insbesondere bei geringem Eigenkapital sinnvoll, den Kauf der eigenen vier Wände noch aufzuschieben und dafür die Eigenkapitalbasis zu stärken.
Wenn die Immobilie nur durch hohe Verschuldung finanziert werden kann, sollte man dieses Ziel auf unbestimmte Zeit verschieben. Schließlich sieht die Situation für einen Mieter in der Deflation ebenso besser aus wie für einen Immobilienkäufer: Er kann sich, wenn er zahlungsfähig ist, die Wohnung aussuchen, kann den Mietpreis drücken, da der Vermieter froh sein muss, überhaupt noch solvente Mieter zu bekommen. Zu achten ist dabei darauf, dass der Mietvertrag so kurzfristig wie möglich angelegt ist, um auch jederzeit den Vermieter mit der Drohung, die Wohnung zu wechseln, zu weiteren Mietsenkungen zu animieren. Vorteilhaft ist es auch, einen Mietvertrag mit „Inflationsausgleich“ abzuschließen. Dabei können Sie den Vermieter dann zu einer niedrigen Grundmiete bewegen, da er

ja die garantierte Kaufkraft hat und er wie die meisten automatisch von einer Inflation ausgeht. Was er jedoch wahrscheinlich nicht weiß, ist, dass eine deflationäre Entwicklung die Miete senkt. Laut Vertrag muss er die Miete getreu der Deflationsrate senken.
Damit Sie einmal sehen, was Sie demgegenüber eine kreditfinanzierte Immobilie kostet, folgende Beispielrechnung: Angenommen Sie kaufen eine Immobilie im Wert von 300.000 Euro und finanzieren sie (wie das heute üblich ist) mit Kredit. Dann brauchen Sie bei fünf Prozent Zins und 1,5 Prozent Tilgung über 30 Jahre, um wirklich Besitzer des Hauses zu werden. Jährlich zahlen Sie dann fast 20.000 Euro als Schuldendienst. Die Nachteile sind gravierend: Sie sind langfristig gebunden und können nicht mehr flexibel auf günstigere Mieten/Eigenheimpreise etc. reagieren. Dazu kommt das Risiko, dass die Immobilienpreise verfallen. Nehmen wir an, Ihr Haus ist eines Tages nur noch 200.000 Euro wert. Wie gefällt Ihnen der Gedanke, dass Sie insgesamt rund 600.000 Euro (mit Zins und Zinseszins) dafür zu bezahlen haben?
Für einen verschuldeten Eigenheimbesitzer ist es also durchaus sinnvoll, zu überlegen, ob er nicht seine Immobilie wieder abstoßen soll. Heute kann er noch zu einem einigermaßen guten Preis verkaufen, gewinnt seine Freiheit durch den Schuldenabbau zurück und kann dann in der Deflation wieder ein Haus wesentlich günstiger kaufen. Dies muss natürlich individuell durchkalkuliert werden.
Leben Sie in einer Mietwohnung, so versteht es sich von selbst, dass Sie dort keine Investitionen tätigen. Man investiert nicht in fremdes Eigentum. Sie werden also auf keinen Fall irgendwelche Umbauten usw. vornehmen, die nicht ausschließlich Ihnen zugute kommen.
Übrigens: Wie Autos haben auch Möbel einen sehr schnellen Wertverlust. Dies gilt besonders in einer Deflation, wo verstärkt Inventar zum Verkauf angeboten wird. Vor einer Deflation ist es häufig am günstigsten, wenn Sie entweder eine vollmöblierte Wohnung mieten oder Gebrauchtmöbel, die es heute in sehr gutem Zustand für wenig Geld gibt, erwerben. Es kommt natürlich immer darauf an, was Sie

besitzen: Sind Sie sehr wohlhabend, so können Sie problemlos in Autos, Immobilien und Möbel investieren – Sie haben ja noch mehr als genug, um für die Deflation gerüstet zu sein. Anders sieht es aus, wenn Sie nur über ein Durchschnittseinkommen verfügen. Dann sollten Sie unbedingt abwägen, wie wichtig Ihnen neue Möbel, Autos etc. sind, oder ob es nicht viel sinnvoller wäre, das Geld für die Deflationsphase zurückzulegen.

- Eigentumswohnungen verlieren an Wert.
- Mietwohnungen machen flexibel.

Zusammenfassung

Um sich auf eine Deflation richtig vorzubereiten, muss erkannt werden, dass Schulden tödlich sind. Demgegenüber ist ein sparsamer Lebensstil erste Voraussetzung für das Überstehen einer Krise. Das beinhaltet eine unauffällige Lebensweise, die keinen Neid weckt. Das Motto lautet: Vom Hochstapler zum Tiefstapler werden. Dazu gehört, dass das Prestigeobjekt Auto seinen Stellenwert verliert. Ein Gebrauchtwagen erweckt keinen Neid und spart Geld. Auch die Treibstoffversorgung wird in einer Deflation leiden, weswegen Autos mit Dieselantrieb zu bevorzugen sind. Vor einer Deflation lohnt es sich nicht, Immobilien zu kaufen, da diese am meisten im Preis verfallen. Als Mieter ist man demgegenüber flexibel und hat keine Schulden.
Nach dem Einleiten der Maßnahmen zur Sicherheit stellt sich die Frage, welche Chancen diese Krise für Sie bringt.

„Geld ist nichts. Aber viel Geld - das ist etwas anderes."
George Bernard Shaw, Schriftsteller (1856-1950)

Ihre Chance in der Deflation

So schlimm sich eine Deflation auch auswirkt, sie bietet auch für Sie Möglichkeiten, Ihr Leben zu verbessern. Dabei hilft es allerdings nichts, sich Illusionen zu machen und in verkrusteten Denkmustern zu verharren.

Große Vermögen werden in der Deflation gemacht

Die erste Erkenntnis lautet: Große Vermögen werden nicht in einer Boomphase, sondern gerade in einer Deflation und Depression gemacht. Die Ursache liegt darin, dass im Aufschwung die Werte nach und nach geschaffen werden und damit für den Einzelnen im Schnitt nur langsam Vermögen hinzukommt. Der Vorteil ist, dass hier die meisten Menschen davon profitieren. In einer Deflation jedoch wird Vermögen innerhalb kurzer Zeit umverteilt. Es wird nichts Neues geschaffen, sondern das Vorhandene umverteilt. Hier profitiert nur eine Minderheit von der Entwicklung, während die Mehrheit verliert. Dafür geht alles viel, viel schneller als in normalen Wirtschaftsperioden. Sie können sehr schnell verarmen und auch sehr schnell reich werden.
Beispiele für große Vermögensanhäufungen in der Deflation gibt es genug. So hat beispielsweise der Vater des ermordeten Präsidenten John F. Kennedy, Joseph P. Kennedy, das Vermögen des Kennedy-Clans gerade in der Weltwirtschaftskrise erworben. Nach einer Deflation, die meist mit einem Krieg einhergeht, wie wir gesehen haben, sind die Chancen noch größer, weil Sie mit Kapital gleich die Hochkonjunktur der Aufbauzeit nutzen können. Ein guter Teil der heutigen großen Firmenvermögen wurde bei uns nach dem Krieg aufgebaut. Nur der Blick auf die Realität und das strikte Einhalten von bestimmten Regeln eröffnet

eine Chance auf Erfolg. So eine Möglichkeit gibt es im Schnitt nur alle zwei Generationen.
Wenn Sie von einer Deflation profitieren wollen, sind strategische Überlegungen nötig. Einmal müssen Sie sich darüber klar werden, dass es *keine „absolut sichere" Geldanlage* gibt. Alles hat weiter einen bestimmten Preis zu einer bestimmten Zeit. Wenn Sie also meinen, dass Sie heute eine Anlage machen oder beispielsweise in Gold investieren und dann automatisch in der nächsten Krise zu den Gewinnern zählen, liegen Sie möglicherweise völlig falsch. Nötig ist eine *flexible Strategie.* In der Deflation müssen Sie anders investieren als in der wahrscheinlich folgenden Inflation oder sogar im Währungsschnitt.
Da eine Deflation vor einer Inflation kommt, müssen Sie sich heute auf eine Deflation einstellen und dann erst mitten in der Abschwungphase auf Inflation setzen. In der Deflation zählt allerdings in erster Linie frei verfügbares Bargeld. Schulden sind demgegenüber besonders schlecht.

➢ Die Krise als Chance

„Der einzige Weg, der zum Wissen führt, ist Tätigkeit."
George Bernard Shaw, Schriftsteller (1856-1950)

Investitionen vor der Deflation

Weg mit den Schulden!

An erster Stelle steht der Abbau von Schulden. Sie können in einer Deflation nicht gewinnen, wenn Sie verschuldet sind. Meist müssen sie dann froh sein, wenn Sie Ihren Lebensstandard halbwegs halten können. Vertrauen Sie auch nicht darauf, dass bei Bankenpleiten auch Ihre Kredite getilgt werden. Es sieht dann vielmehr so aus, dass zwar Ihre Guthaben gesperrt werden, die insolvente Bank jedoch von einem anderen Institut übernommen wird und die Schulden gnadenlos eingetrieben werden. Wenn Sie Schulden haben und nicht schnell zurückzahlen können, beachten Sie Folgendes:

Kreditlaufzeit/Zinsfestschreibung
Was bei neuen oder vorhandenen Schulden unbedingt bedacht werden sollte, ist eine Möglichkeit der vorzeitigen Tilgung. Angenommen, Sie machen unerwartet eine Erbschaft, dann sollten Sie in der Lage sein, den Kredit sofort zu reduzieren bzw. abzuzahlen, ohne Rücksicht auf die bei Kreditaufnahme vereinbarte Laufzeit. Im Allgemeinen sollte die Zinsfestbindung, sofern eine vorzeitige Abzahlung möglich ist, möglichst lange sein. Im Crash erhöhen sich schnell die Zinsen. Wenn Sie dann nur eine kurzzeitige Zinsbindung oder sogar variable Zinsen haben, bekommen Sie sehr schnell die höheren Zinslasten zu spüren und tun sich immer schwerer, den Schuldendienst überhaupt zu leisten.

Anzahl Kredite
Haben Sie viele kleinere Kredite, sollten Sie überlegen, ob Sie diese nicht in einen großen verwandeln – durch Aufnahme eines großen Kredites mit sofortiger Abzahlung der

kleineren Schulden. Im allgemeinen werden Sie vom Gläubiger in einer Krise umso schonender behandelt, je größer Ihre Kreditsumme ist, da er es sich viel leichter leisten kann, einen kleinen Kredit zu verlieren als einen großen. Also: Lieber eine große Schuldensumme als viele kleine Kredite.

Kreditgebende Bank

Auch die kreditgebende Bank ist wichtig. So sind regional orientierte Banken, wie Sparkassen oder Volksbanken, viel kulanter wenn es Probleme gibt, als Großbanken. Die regional orientierte Bank hat einen Ruf zu verlieren, während die Großinstitute gnadenlos betriebswirtschaftlich kalkulieren. Besser also einen Kredit bei kleinen Instituten als bei den großen.

Noch eine Möglichkeit

Eine andere Möglichkeit, auf eine Deflation zu reagieren, wenn man Schulden hat, ist folgende: Die Schulden werden normal bedient, solange das möglich ist. In „guten" Zeiten werden jedoch vom Einkommen Gelder abgezwickt und so angelegt, dass niemand sie finden kann. In der Deflation muss man dann im schlimmsten Fall Bankrott anmelden und verliert das Haus – hat jedoch immer noch das heimlich angesparte Geld zur Verfügung, welches das Überleben sichert. Selbstverständlich darf die Bank, bei welcher man Schulden hat, auf keinen Fall von den Ersparnissen etwas wissen.

- Schulden abbauen
- lange Zinsfestschreibung
- regional orientierte kreditgebende Banken
- heimliche Vermögen neben Schulden aufbauen

„Fordere viel von dir selbst und erwarte wenig von anderen!"
Konfuzius

Bargeld lacht

Am wichtigsten ist es, zu erkennen, was in einer Deflation an Wert gewinnt und was verliert. Geld gewinnt, Sachwerte verlieren. An dieser Stelle machen viele einen schweren Fehler. Sie nehmen an, dass in solch einer Krise irgendwann ein Punkt erreicht wird, an dem das Geld „nichts mehr wert ist“, also auch beim Einkauf nicht mehr angenommen wird. Viele Menschen glauben, eine Krise führe automatisch in eine Inflation – also zu drastisch steigenden Preisen bei einem Verfall des Geldwerts. Doch was passiert denn wirklich in diesem Teufelskreis? Wie Sie gesehen haben, erzeugt sinkende Kaufkraft Konsumeinschränkung und -verzicht. Unternehmen können darauf nur mit Preisnachlässen reagieren, um überhaupt noch etwas verkaufen zu können. So entsteht aber nicht Inflation, sondern Deflation!

Wichtig ist es hier zu erkennen was nach einem Crash, passieren wird: In einem Crash werden alle Buchgeldforderungen wertlos, weil die dahinterstehenden Schuldner zahlungsunfähig werden. Deshalb verfallen Aktien, Anleihen, Schuldverschreibungen usw. im Wert. In weiterer Folge geraten dann sogar die kurzfristig verfügbaren Gelder, etwa auf dem Girokonto in Gefahr – vor allem, weil die Banken durch den Ausfall von Schuldnern immer mehr in Bedrängnis geraten. Nach einem Crash verfallen also alle Buch-Geldvermögen – was nicht davon betroffen ist, ist die Bargeldmenge.

Dies bedeutet, dass der ganze bisherige Handel sich vom Buchgeld weg zur zehnfach kleineren Bargeldmenge verlagert (Abb. 7). Was nicht mehr nachgefragt sein wird ist also jede Art von Buchgeld, wie sie Kreditkarten, EC-Karten oder Überweisungen darstellen. Bargeld wir dagegen in viel größerem Maße als heut nachgefragt sein. Keinesfalls wird Geld als solches plötzlich „wertlos“.

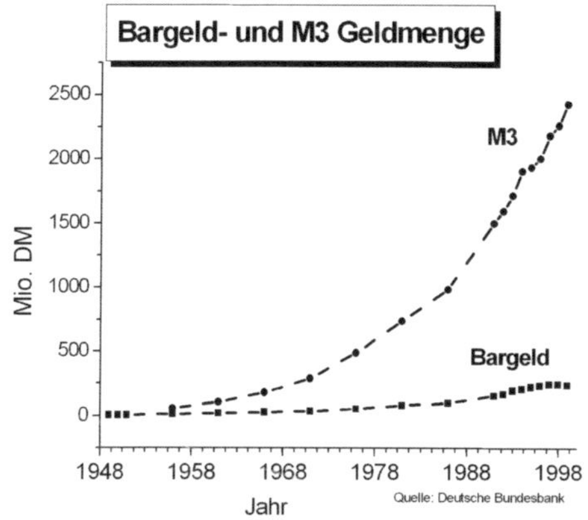

Abb. 7: Bargeld- und Buchgeld (M3) Geldmenge in Deutschland bis zur Einführung des Euros

Ein weiterer Irrtum ist der Glaube, dass Geld immer „angelegt“ sein müsse. Dem ist nicht so. Im Gegensatz zu Waren kann gerade Geld eine Warteposition einnehmen, weil es nicht verdirbt. Hierzu hat Prof. Malik aus der Schweiz einen interessanten Beitrag geliefert:

„Wie soll man sein Geld anlegen?
Am besten überhaupt nicht, um auf bessere Gelegenheiten zu warten. Es vermehrt sich von ganz allein. Wenn ich dazu rate, sich von seinen Wertpapieren zu trennen, kommt regelmäßig die Frage: Ja, aber wie soll ich denn mein Geld anlegen? Meine Antwort lautet: Überhaupt nicht; lassen Sie es liegen. Dann, verunsichert und manchmal etwas empört: Aber wo doch Zinsen so niedrig sind; das bringt doch dann nichts...
Diese Haltung ist Symptom für gefährliche Unkenntnis wirtschaftlicher Realitäten. Sie hat vielen in den letzten Monaten enorme Verluste zugefügt. Nur wenige scheinen nämlich den Unterschied zwischen Return on Investment und Return of Investment zu kennen, oder, wenn sie ihn kennen, ernst zu nehmen. In den gelehrten Abhandlungen kommt er nicht vor. Und nur wenige scheinen sich über die Konsequenzen einer deflationären Wirtschaftsentwicklung im Klaren zu sein. Wer im März 2000 entschieden hat,

keine Aktien zu kaufen, sein Geld dafür liegen zu lassen, hat es innerhalb von 24 Monaten massiv vermehrt. Er kann nämlich heute rund zehnmal so viel NEMAX-Aktien und schon beinahe doppelt so viel DAX-Werte kaufen wie damals. Diesen Wertzuwachs hat er steuerfrei. 2 Prozent Bankzins sind gegenüber 50 Prozent Aktienkursverlust ein Vermögen. Die Maxime muss jetzt – und noch für längere Zeit – heißen: sein Pulver trocken halten und auf bessere Kaufgelegenheiten warten. Sie werden noch viel günstiger werden – an allen Märkten, von Aktien bis zu Immobilien und von Festverzinslichem bis zu Kunst.
Was heißt „noch viel günstiger"? Im Minimum um das Doppelte; wahrscheinlicher ist ein Vielfaches. Geld wird von ganz allein mehr wert, wenn und in dem Masse als die Preise fallen. In solchen Zeiten spielt es keine Rolle, wie hoch oder niedrig die Zinsen sind. Entscheidend ist, was man für sein Geld kaufen kann. Geld wird in den nächsten Jahren das knappste Gut in der Wirtschaft sein. Waren und Dienstleistungen werden reichlich verfügbar sein, aber nur wenige werden ausreichend Geld haben, um sie zu kaufen. Das ist das Kernproblem der Deflation. In einer Inflation sinkt die Kaufkraft des Geldes; in der Deflation steigt sie."[48]
Die Kernaussage ist, dass vieles in der Deflation immer billiger wird. Wenn Sie heute kaufen, dann haben Sie schon einen Wertverlust, weil Sie nur noch billiger wieder verkaufen können. In einer Deflation heißt es deshalb: abwarten, keine überstürzten Käufe. Schon gar nicht sollten Sie große Investitionen vornehmen, wie etwa für eine Immobilie oder ein Unternehmen. Am Anfang der Deflation heißt es zuallererst abwarten und das Geld flüssig halten. Zuerst können Sie an der Deflation nur wenig verdienen. Wenn jedoch die Preise stark gefallen sind, dann heißt es umsteigen auf Sachkapital, bevor ein Währungsschnitt oder eine Inflation einsetzt. Wichtig ist, dass Sie Ihr gespartes Geld nicht in der Deflation verlieren. Aktien verfallen genauso, wie die Betriebe bankrott gehen oder deren Gewinne zusammenschmelzen. Bei Anleihen gilt dasselbe: Sie sind nichts mehr wert, wenn die Schuldner zahlungsunfähig

werden oder die Rückzahlung strecken und Zinszahlungen aussetzen. Auch das Sparbuch kann jetzt zum Verhängnis werden: Es wird einfach gesperrt und muss zudem sowieso rechtzeitig gekündigt werden, damit Sie Ihr Geld noch wiedersehen. Denken Sie daran, dass Sie wegen ganz wenig Zinsen ihr Geld hier mehr oder weniger lang binden, da pro Monat nur eine gewisse Summe abgehoben werden darf. Ganz ungünstig sind Kapitallebensversicherungen: Hier haben Sie Ihr Geld für einen sehr langen Zeitraum festgelegt, und es ist nicht verfügbar, wenn Sie es am nötigsten hätten. Zusätzlich sind die Versicherer schnell finanziell angeschlagen und gehen samt Ihrem Geld bankrott. Was wirklich zählen wird in der Deflation, ist Bargeld. Niemand wird mehr Kredit- oder EC-Karten akzeptieren, wenn die Zahlung der dahinterstehenden Bank unsicher ist. Demgegenüber ist Bargeld eine Art Dokument – darauf kann der Empfänger vertrauen, weil er richtige Kaufkraft in Händen hält. Ganz anders bei „Computergeld“, welches nur ein Versprechen auf Bargeld darstellt.

Daraus folgt: Sie müssen jederzeit imstande sein, sich von einem Tag auf den anderen Ihr Geldvermögen auszahlen zu lassen. Das heißt, dass sie es verteilt auf mehrere unterschiedliche Banken und täglich verfügbar anlegen. Lassen Sie sich keinesfalls auf irgendwelche zeitliche Beschränkungen ein! Am besten eignen sich dazu Geldmarkt- und Tagesgeldkonten. Hier bieten Direktbanken die besten Konditionen. Girokonten bringen hingegen kaum noch Zinsen. Falls Sie Kinder haben, können diese eines der üblichen „Lockangebote“ nutzen, bei denen bis zu einem gewissen Betrag noch etwa 2,5 Prozent gezahlt werden. Keine Angst vor mehreren Konten! Denn wichtig ist gerade, dass Sie nicht alles Vermögen auf ein Konto legen, sondern möglichst viele kleine Konten besitzen. Die Banken könnten in einer Liquiditätskrise dazu übergehen, zwar noch kleinere Beträge auszuzahlen, jedoch große Konten zu sperren. Denken Sie daran: Sie müssen vor einer Bankenpleite Ihr Geld abheben. Die Aufbewahrung großer Summen zu Hause ist zu riskant. Was machen Sie, wenn ein Verbrecher Ihnen eine Pistole an den Kopf hält und

nach dem Geld fragt? Dann ist als beste Möglichkeit vorstellbar, dass Sie etwa 500 Euro in bar haben, um ihn ein wenig zufrieden zu stellen und gleichzeitig einen Kontoauszug mit vielleicht 5.000 Euro als Ihrem einzigen Geldvermögen vorzeigen können.
Ein größeres Vermögen sollte sich auf keinen Fall zu Hause befinden, sondern wird auf Konten und eventuell in Schließfächern verschiedener Banken deponiert. Durchaus sinnvoll ist auch das Unterbringen des Geldes im Ausland, beispielsweise in der Schweiz. Geld sollten Sie niemals in großen Scheinen bereithalten, sondern immer in kleinen. Schon heute werden beispielsweise 500- oder 200-Euro-Scheine an Tankstellen und in vielen Geschäften nicht mehr akzeptiert. Das gilt erst recht in einer Deflation.
Bei diesen Überlegungen ist es nötig, sich darüber klar zu werden, dass es keine universelle Investition gibt. Vor allem über Gold existieren völlig irrige Ansichten.

- In der Deflation zählt nur Geld.
- Am besten ist Bargeld in kleinen Scheinen.
- Vermögen nicht zuhause aufbewahren!

„Manche Leute haben von ihrem Vermögen nur die Furcht, es zu verlieren."
Antoine Rivarol

Geldanlage vor und in der Krise

Das Thema „Sichere Geldanlage vor der Krise" wird in dem Buch „Geldcrash – So retten Sie Ihr Vermögen" noch ausführlicher als hier behandelt. In einer weltweiten Schuldenkrise nimmt die Unsicherheit auf dem Finanzmarkt enorm zu, weil niemand mehr weiß, welche Geldanlagen überhaupt noch zu realisieren oder welche Unternehmen und Banken bereits bankrott sind. Dadurch ergibt sich eine Schere zwischen den Zinsen für Schuldner und Gläubiger, da der Geldverleiher sich das gestiegene Verlustrisiko vom Schuldner bezahlen lässt. Wenn die Zinsen für den Schuldner dann massiv steigen, hat dies teilweise verheerende Auswirkungen auf viele Investments.
So stürzen beispielsweise festverzinsliche Wertpapiere umso mehr im Kurs, je länger deren Laufzeit ist. Zusätzlich fällt der Kurs weiter durch die aufkommende Unsicherheit und den Rückgang der Kaufnachfrage nach solchen Wertpapieren. Nach der Russlandkrise mussten beispielsweise die Besitzer russischer Staatsanleihen Kursverluste von bis zu 90 Prozent hinnehmen. In der Konsequenz heißt dies, dass man nur kurzlaufende Papiere von Schuldnern hoher Bonität kaufen sollte. Gleichzeitig verfallen die Aktienwerte an der Börse, weil den Unternehmen durch die Krise der Boden unter den Füßen weggezogen wird und die aufkommende Unsicherheit zu Aktienverkäufen führt. Die Aktienanlage muss deshalb gründlich geplant sein. Unternehmen, die in einer Krise keine Rolle mehr spielen, sind deshalb zu meiden.
Mit den Anleihen und den Aktien verfallen natürlich auf ihnen aufbauende Fonds. Es ist ein weitverbreiteter Irrtum, dass die Anlage in einem Aktienfond sicherer ist als eine Direktinvestition in Aktien. Im Gegenteil: Die Fondsanlage ist unberechenbarer, da Sie nicht so klar über die konkreten Investitionen des Fondsmanagers informiert sind und diese

meist „mit der Herde“ laufen. Hinzu kommen teils hohe Gebühren. Schnell sind solche Fonds dann am Ende, und das Vermögen ist teilweise verloren, während Sie bei der Direktanlage selbst agieren können. So ist es beispielsweise kein Problem, einzelne Aktien mit einer Stopp-Loss-Order abzusichern. Dazu kommt, dass Fonds nach dem Kapitalanlagegesetz dazu berechtigt sind, die Auszahlung Ihres Geldes zu verweigern, wenn dieser in Schwierigkeiten ist.

Sehr schnell ist Ihr Erspartes dann verloren. Hier wird schon deutlich, dass es im Hinblick auf eine Schuldenkrise wichtig ist, stets kurzfristig zu investieren. Das Geld muss ständig verfügbar sein. Was nutzt Ihnen eine anfangs rentable Geldanlage in der Krise, wenn Sie erst in fünf Jahren darauf zugreifen können? In der Deflation geht Ihre Bank bankrott, und in der Inflation ist Ihr Geld entwertet, bis Sie es wieder erhalten. Also auch hier der Grundsatz: *Liquidität und Verfügbarkeit der Geldanlage geht vor Rendite!*
Ein weiterer oft übersehener Punkt kommt dazu: *Je höher die Rendite, umso höher auch das Risiko!* Viele Anleger stellen sich Renditen von etwa 20 Prozent vor, wie sie im Boom Ende der 90er Jahre leicht erreichbar waren. Diese Zeiten sind vorerst vorbei! Wer heute wieder sorglos in Schwellenländer oder Technologiefonds investiert, könnte bald eine große Enttäuschung erleben. Gleiches gilt für Anleihen. Kaum jemand fragt, warum eine Anleiherendite überhaupt so hoch ist. Sie ist deshalb so hoch, weil zum Zins ein hoher Risikozuschlag kommt. Bei normaler Rendite würde gar niemand in solch riskanten Bereichen investieren, darum hat man es nötig, mit „Superrenditen“ zu locken. Gerade in den letzten Jahren mussten zunehmend Anleger erkennen, dass die „Superrendite“ oft mit einem Totalverlust bezahlt werden musste. Eine Verzinsung höher als normal sollte deshalb zur Vorsicht mahnen.
Beliebt wurden in letzter Zeit auch Auslandsanlagen, weil auch hier hohe Renditen versprochen wurden. Vergessen wird dabei jedoch, dass man die dortigen Verhältnisse nur schlecht durchschauen kann. Was geschieht, wenn beispielsweise die Türkei Bankrott anmeldet, zuerst die Rück-

zahlung Ihrer Anleihen entgegen den Vereinbarungen verlängert und am Ende gar nicht mehr zahlt? In einer weltweiten Schuldenkrise, wenn jedes Land nur noch die eigenen Verhältnisse berücksichtigt, gehen solche Anlageformen als erstes verloren. Das bedeutet, dass eine Geldanlage auch geographisch immer erreichbar sein muss. Was machen Sie, wenn aus der Türkei keine Überweisungen mehr möglich sind? Darum muss das Anlageland so nah sein, dass man es relativ einfach erreichen kann.
Nochmals die wichtigsten Regeln für die Geldanlage vor einer Schuldenkrise:

- Kurzfristige Anlageformen, ständig verfügbar
- Keine riskanten, hochverzinsten Geldanlagen – je höher die Rendite, umso höher das Risiko
- Liquidität und Sicherheit gehen vor Rendite
- Das Geld muss sowohl zeitlich als auch geographisch immer zu erreichen sein.

Praktische Schritte

Was bedeutet das alles für die Praxis? Erst einmal müssen alle Schulden weg. Sind diese getilgt oder haben Sie keine, dann sichern Sie Ihr Vermögen stufenweise ab, indem Sie es in drei Teile aufteilen:

1. krisengesicherter Teil
2. liquider Teil
3. Investitionsteil

Wie groß diese Teile relativ zueinander sind, hängt von Ihrer individuellen Situation ab. Nur eines sollten Sie unbedingt beachten: Der Investitionsteil sollte nur so groß sein, dass Sie ein Totalverlust nicht aus der Bahn wirft. Sie können damit ein spekulatives Engagement im Derivatebereich eingehen, also beispielsweise ein Short-Zertifikat auf

den Dow-Jones-Index kaufen oder das Geld in einen Hedge-Fonds stecken.
Der Krisensicherungsteil soll gegen den schlimmsten Fall absichern, wenn im Zuge einer Finanzkrise die Banken getroffen sind und ihre Auszahlungen einstellen. Dann sind Sie auf Ihre Barmittel angewiesen. Deshalb nehmen Sie beispielsweise 10.000 Euro und legen sie bar in kleinen Scheinen halb in Euro und halb in Schweizer Franken in mindestens ein Bankschließfach. Dazu können Sie noch Goldmünzen im Wert bis zu 5.000 Euro legen. Der Inhalt des Schließfaches sollte unbedingt über die Bank bis zum eingelegten Wert versichert sein. Im Fall einer Krise können Sie auf diese Barmittel zurückgreifen und damit Ihre Lebensgrundlage sichern. Durch die dann eintretende Deflation wird der Betrag merklich aufgewertet und reicht viel weiter als heute.
Den Betrag Ihres Vermögens, der ungefähr 15.000 Euro übersteigt, beispielsweise 40.000 Euro, legen Sie so an, dass er Rendite abwirft und ständig verfügbar ist. In Frage kommen hier Geldmarktfonds, Geldmarktkonten, mehrere Sparbücher und kurzlaufende Anleihen. Immer darauf achten, dass die Geldeinlage über den Einlagensicherungsfond der Bank abgesichert und ständig verfügbar ist. Am besten ist es, den Betrag auf mehrere, unterschiedliche Banken zu verteilen. Was über diese beiden Vermögensteile hinausgeht, kann normal oder spekulativ am Finanzmarkt investiert werden. Allerdings ist es nicht ratsam, Aktien oder Anleihen von hochverschuldeten Ländern und Unternehmen zu kaufen. Zu bevorzugen sind Investitionen in Betriebe, welche auch in einer Krise noch Bestand haben, wie Elektrizitätsunternehmen oder Nahrungsmittelhersteller.
Also:

- Vermögen verteilen
- Je größer das Vermögen, umso riskantere Anlagen sind möglich.

Um Ihr Vermögen sinnvoll einzuteilen, müssen Sie eventuell ehemals langfristig angelegtes Vermögen auflösen. Nutzen Sie Phasen, in denen Ihre Aktien oder Fondsanteile hoch gehandelt werden, zum Verkauf. Auch das Zurückfahren von langlaufenden Lebensversicherungen ist zu überlegen. Überhaupt müssen Kapitallebensversicherungen in Zukunft besonders kritisch betrachtet werden: Einmal handelt es sich um Anlagen, die nicht schnell genug realisiert werden können und zum anderen erwachsen aus der Verschmelzung von Banken mit Versicherungen neue, unabsehbare Risiken.

Vorsicht, Kapitallebensversicherung!

Der Wirtschaftswissenschaftler Wilhelm Hankel hat darauf hingewiesen, dass die bewährte Arbeits- und Geschäftsteilung zwischen Banken und Versicherungen durch das sogenannte Allfinanzkonzept über den Haufen geworfen wurde. Nun müssen bei der Verschmelzung von Versicherungen und Banken die Versicherer unabsehbare Finanzmarktrisiken übernehmen. Jetzt könnten Versicherungskonzerne Banken übernehmen und dann ihrerseits Aktien und Börsengeschäfte machen, was früher undenkbar gewesen wäre. Nach dem Börsenkrach von 1929 sind weltweit unzählige Broker- und Bankhäuser bankrott gegangen, jedoch durch die Trennung von Bankgeschäft und Versicherung in Deutschland keine einzige Versicherung. Dies wird sich allerdings bei der kommenden Deflationskrise durch das Zusammenwachsen von Banken und Versicherungen doch deutlich ändern.
Überhaupt wird die Rendite bei Versicherungen im allgemeinen deutlich überschätzt. Einmal wird nur der Kapitalteil überhaupt verzinst, zum anderen rechnen die Versicherungen intern nur noch mit kleinen Renditen. Die gesetzlich vorgeschriebene Mindestrendite bei kapitalbildenden Lebensversicherungen (KLV) steht zudem in der Diskussion. Dies ist nach der extremen Schieflage der Mannheimer-Lebensversicherung im Jahr 2003 auch kein Wunder. An diesem Fall zeigte sich auch sehr deutlich, dass in die Auffanggesellschaft Protector keine überzogenen Hoffnungen gesetzt werden sollten. Dieses Sicherungsinstitut kann

durchaus mit dem Einlagensicherungsfonds verglichen werden. Die Beträge sind dort allenfalls bei Schieflage einiger kleinerer Versicherungen ausreichend, nicht jedoch für Probleme im größeren Stil. Fazit: Die Kapitallebensversicherung ist eine sehr ungünstige Anlage für eine Deflationsphase.

„Das Gefährliche an den Halbwahrheiten ist, dass immer die falsche Hälfte geglaubt wird."
Karl Krailsheimer

Gold oder: Es gibt keine absoluten Werte

Viele Menschen denken, wenn sie von einer Krise hören sofort an Gold. Gold, so die landläufige Meinung, habe immer einen Wert und wäre in einer Krise immer gefragt. Leider wird bei diesen volkstümlichen Meinungen stets nur die Inflation betrachtet. In einer Inflation ist Gold in der Tat nützlich, weil jeder versucht, aus dem verfallenden Geld herauszukommen. Dann kann das Edelmetall auch als Tauschmittel verwendet werden. In der Deflation hingegen sieht es völlig anders aus: Alles drängt zum Geld hin, während Sachkapital an Wert verliert. Manche Leute behaupten, dass die Menschen, wenn das Tauschmittel Geld in einer Deflation knapp wird, einfach auf andere Dinge, wie Gold ausweichen würden, doch genau das Gegenteil ist der Fall. Das ist gerade das Besondere an einer Deflation, dass es keine einfachen Alternativen gibt. In der Inflation weichen die Menschen tatsächlich auf Zigaretten, Gold usw. aus. Dies hält die Wirtschaft am Laufen. In der Deflation sind alle auf Gedeih und Verderb ans Geld gebunden – ohne Ausweichmöglichkeit. Deshalb war auch die Weltwirtschaftskrise in den 30er Jahren hundertmal schlimmer als die Hyperinflation 1923.
Warum sind denn nicht die Menschen in der Deflation einfach auf andere Tauschmittel umgestiegen? Ganz einfach, weil es nicht ging, weil nichts außer Geld akzeptiert wurde! Vergessen Sie also am besten Gold als Tauschmittel statt Geld in einer Deflation!

Wer vor der Deflation auf Gold setzt, muss dann in dieser erleben, dass er damit direkt gar nichts machen kann. Er kann weder im Supermarkt einkaufen noch auf dem Markt etwas bekommen – weil alle nur Geld wollen. Gold muss also erst einmal in Geld umgewandelt, sprich verkauft werden, bevor Sie es direkt benutzen können. Da jedoch in der Deflation viele Goldinvestoren zu Verkäufen gezwungen sein werden, um sich den Lebensunterhalt zu finanzieren oder Schulden zu tilgen, wird rasch ein Überangebot auf dem Markt sein, was die Preise purzeln lässt.
Die Vorstellung, dass Gold doch „immer etwas wert" ist, berücksichtigt nicht die Frage: wie viel wert? Jede Sache hat einen bestimmten Wert zu einer bestimmten Zeit – je nach den Umständen. Es gibt keine absoluten Werte. Die einzige Wertzuweisung erfolgt in den Köpfen der Menschen anhand von Angebot und Nachfrage. Heute ist für Sie vielleicht Gold sehr wertvoll. Wären Sie jedoch in der Wüste am Verdursten, dann würden Sie alles Gold der Welt für ein Glas Wasser geben – das hier fast wertlose Wasser wäre Ihnen mehr wert als das Gold. Alles hängt von den Umständen ab. *Trennen Sie sich von den Vorstellungen an absolute Werte!*
Dabei war in der Deflation der 30er Jahre die Situation grundsätzlich anders als heute. Damals gab es noch einen Goldstandard – das Geld war direkt an das Gold gekoppelt. Dadurch bekam das Gold einen steigenden Wert durch den zunehmenden Geldwert. Heute gibt es keinen Goldstandard mehr. Deshalb ist es heute nur noch ein Edelmetall wie Silber oder Platin. Es könnte sich deshalb auch in einer Deflation genauso verhalten wie andere Metalle. Der einzige Unterschied besteht lediglich in der psychologischen Bedeutung des Edelmetalls. Eben weil viele Menschen noch wie oben beschrieben an Gold glauben, ist es möglich, dass es in einer beginnenden Krise unter Umständen kräftig an Wert gewinnen wird – aber nur kurzfristig. Sobald deutlich werden wird, dass eigentlich Geld der Gewinner in der Deflation ist, werden die Zwangsverkäufe der Goldinvestoren schnell für drastisch fallende Preise sorgen.

Es ist also keineswegs so einfach, eine Deflation gut zu überstehen, wie es sich gemeinhin die Menschen vorstellen. Einmal Gold zu kaufen und sich dann sicher zu fühlen – diese Haltung könnte sehr gefährlich sein. Besser ist eine flexible Strategie, die vor einer Deflation auf Geld setzt und vor der Inflation dann auf Gold, Immobilien und andere Sachwerte. Edelmetall vor der Deflation spielt lediglich als Risikostreuung und Spekulationsmittel für einen psychologisch getriebenen Goldpreisanstieg eine Rolle.
In einer Deflation fallen erfahrungsgemäß alle Sachwerte, wobei Rohstoffe teilweise eine Ausnahme machen könnten, insbesondere wenn sie sich verknappen (Erdöl, Erdgas), wenn ihr Preis bereits historisch sehr niedrig ist (Silber) oder wenn sich ein psychologisches Moment entfalten könnte (Gold). Doch auch in einer Krise kann man im Supermarkt nicht mit Goldstücken zahlen.

- Es gibt keine absoluten Werte.
- Gold bedeutet keine absolute Sicherheit.
- Eine flexible Strategie ist nötig.

Fassen wir die Strategie vor der Deflation zusammen:

Erster Tipp: Schulden vermeiden und vorhandene Schulden so schnell wie möglich abtragen
Zweiter Tipp: Freies Kapital liquide, gut verteilt anlegen
Dritter Tipp: Lieber nicht alles auf Edelmetalle setzten

Neben der Sicherheit des Vermögens ist es in Krisen zumindest nicht verkehrt, sich Gedanken über die Sicherheit der Familie und der eigenen Person zu machen.

Das zweite Standbein im Ausland

Wie wir gesehen haben, führt eine Deflation in der Regel zum Krieg. Da hilft es Ihnen nichts, wenn Sie die Augen schließen oder dieses Buch in die Ecke werfen. Hier ist Vorsorge erforderlich. Sie sollten nach Möglichkeit besser nicht in einer Großstadt leben, sondern eher in Regionen,

die dünn besiedelt sind. Die beste Lösung ist ein zweites Standbein im dünnbesiedelten Ausland, in militärisch uninteressanten Gebieten. Wie man solch ein Gebiet sucht und dort das Dasein finanziert, habe ich im Buch „Bloß weg! Ihr zweites Standbein im Ausland“ geschildert.
Entscheidend ist, dass Sie einen Ausweichpunkt haben, auf den Sie sich zurückziehen können. Das kann im einfachsten Fall auch im eigenen Land sein.

- Ausweichpunkt sinnvoll

Unternehmerstrategie

Sind Sie Unternehmer, so sollten Sie zuerst Ihren Schuldenstand so weit als möglich reduzieren. Vermeiden Sie Investitionen, die sich nicht sofort rentieren. In einer Deflation heißt es, kurzfristig zu investieren. Denken Sie immer daran, dass der Markt bald schrumpfen wird, die Kaufkraft immer kleiner werden muss. Schulden zu machen, um Steuern zu sparen, ist gefährlich. In der Krise bricht Ihr Gewinn ein, deshalb zahlen Sie auch keine Steuern mehr, die Sie sparen könnten. Die Schulden aber drücken umso mehr. Kaufen Sie auch keine Immobilien für Ihren Betrieb, die dann bald im Wert verfallen. Mieten Sie besser ein Gebäude, und das mit möglichst kurzlaufendem Mietvertrag, um schnell wieder den Mietpreis herunterhandeln zu können. Vereinbaren Sie eventuell eine Indexmiete, die an die Entwicklung des Preisindex gekoppelt ist. Sinken die Preise, dann reduziert sich Ihre Miete. Wenn Sie Geld von Kunden bekommen, dann sehen Sie zu, dass dieses so bald wie möglich bei Ihnen ist. Immer sofort mahnen, wenn jemand nicht zahlt. Haben Sie Lieferverträge, dann halten Sie diese so kurz wie möglich, damit Sie jederzeit wieder kleinere Preise aushandeln können. Beim Personalbestand halten Sie sich am besten auch so flexibel wie möglich. Am besten nur befristete Verträge aushandeln, um den Personalbestand schnell reduzieren zu können. Haben Sie einen noch gut laufenden Betrieb, dann denken Sie über einen Verkauf nach. Sie bekommen jetzt noch einen guten

Preis dafür – und könnten diesen in der Krise wieder für einen Bruchteil zurückkaufen. Denken Sie immer daran, dass in einer Deflation Geldwerte zählen, während Sachwerte, Arbeitskraft und Unternehmen verlieren.

- keine langfristigen Verträge
- so wenig Sachkapital wie möglich
- flexibler Personalbestand

Arbeitnehmerstrategie

Als Arbeitnehmer müssen Sie in einer Deflation ständig damit rechnen, arbeitslos zu werden. Auch wenn Sie heute noch meinen, völlig unverzichtbar zu sein oder ein wichtige Stütze für das Unternehmen darzustellen – das alles wird nicht mehr zählen, wenn jedem seine eigene Haut am nächsten ist. Selbst wenn Sie nicht entlassen werden, sollten Sie berücksichtigen, dass Ihr Arbeitgeber auf Sie massiven Druck ausüben und Sie zum Lohnverzicht zwingen kann und im Betriebsinteresse auch muss. Vergessen Sie auch alle staatliche Unterstützung, wie Arbeitslosengeld oder Sozialhilfe. Das alles wird massiv gekürzt bzw. gestrichen werden. Denken Sie an die Zeit der Weltwirtschaftkrise: Damals gab es nur noch einige Wochen eine reduzierte Unterstützung - danach waren Sie auf sich selbst gestellt. Sie müssen also selbst genug Ersparnisse haben, um sparsam über die Runden zu kommen. Unbedingt ist deshalb ein bescheidener Lebensstil schon vor der Krise zu empfehlen. Vermeiden Sie Verschuldung. Sparen Sie lieber Geld und kaufen Sie sich in der Deflation Ihre Wunschimmobilie zum Niedrigpreis. Wenn Sie heute überlegen, ob Sie Ihre Ausbildung erweitern sollten, dann tun Sie das nur, wenn Ihr laufendes Einkommen so weitergeht wie bisher.

Auf keinen Fall sollten Sie Ihren Erwerb aufgeben, um noch einmal in die Zukunft zu investieren. In einer Deflation nutzt Ihnen eine bessere Qualifikation gar nichts, da sie in den meisten Fällen gar nicht mehr nachgefragt wird.

Immer kurzfristig denken – Geld, das Sie heute bekommen können, ist hundertmal mehr wert als Geld, das Sie vielleicht in Zukunft verdienen könnten. Bei allen Arten von Verträgen immer darauf achten, dass das Geld sofort fließt. Wenn Sie beispielsweise eine Abfindung bekommen oder eine Versicherung ausgezahlt wird, dann nehmen Sie das Kapital sofort, statt sich auf mehrere Jahresraten vertrösten zu lassen. Das gilt auch, wenn Sie bei der Sofortauszahlung Verluste in Kauf nehmen müssen. Bei allen Verträgen, für die Sie zahlen, achten Sie darauf, dass Sie jederzeit aussteigen können oder diese so kurz wie möglich laufen.

- kurzfristige Verträge
- sparsamer Lebensstil
- keine Schulden
- sofortige Auszahlung statt Ratenzahlung

Rentnerstrategie

Sind Sie Rentner oder Pensionär, so sollten Sie sich auch darauf gefasst machen, dass Ihnen der Staat künftig die Bezüge kürzt. Sehen Sie sich die Verhältnisse in anderen Ländern mit wirtschaftlichen Schwierigkeiten, wie beispielsweise dem ehemaligen Ostblock, an: Ohne mit der Wimper zu zucken, wurden die Renten unter das Existenzminimum heruntergefahren. Schon heute ist auch die deutsche Rentenversicherung mehr als unsicher. In einer Deflation wird im Umlagesystem einfach kein Geld mehr da sein für Renten – geschweige denn, dass dann noch jemand in die Rentenkasse einzahlt. Sie müssen deshalb, wie Arbeitnehmer auch, sich auf sich selbst und Ihre Ersparnisse verlassen. Versuchen Sie, so schnell wie möglich an noch ausstehendes Kapital zu kommen. Haben Sie beispielsweise eine Lebensversicherung, so ist es besser, das Geld sofort zu bekommen, statt in monatlichen Raten. Insgesamt gilt auch für Sie eine sparsame Lebensweise. Haben Sie beispielsweise eine vermietete Zweitimmobilie wie viele Rentner, so stoßen Sie diese ab, da Sie Ihnen in der Krise nichts mehr bringen wird und Sie jetzt noch einen guten Preis dafür bekommen.

- sparsame Lebensweise
- genug Ersparnisse
- keine Zweitimmobilien

Nach diesen Hinweisen über Investitionen vor der Deflation stellt sich die Frage, wie Sie am besten in der Deflation Ihr Geld anlegen.

"Mut ist etwas zu tun, wovor man sich fürchtet.
Ohne Angst kann es keinen Mut geben."
Eddie Rickenbacher

Investitionen in der Deflation

Sie müssen grundsätzlich zwischen Investitionen unterscheiden, die Sie vor und die Sie in der Deflation tätigen. Vor der Deflation ist es entscheidend, auf der Geldseite zu bleiben und jederzeit auf das Vermögen zurückgreifen zu können. So sehr vor der Deflation alle Gründe beispielsweise gegen den Erwerb einer Immobilie sprechen – erst recht, wenn Sie dazu noch Kredite nehmen müssen – umso mehr müssen Sie in einer Deflation auf Sachkapital umsteigen. Anderenfalls laufen Sie Gefahr, bei einem folgenden Währungsschnitt Ihr gewonnenes Vermögen zu verlieren.

Ihr Traumhaus - fast geschenkt

Vor allem für Immobilien sieht der Markt in einer Deflation für Sie als Käufer blendend aus. Je mehr Zeit vergeht, umso dringender sind viele Hausbesitzer dazu gezwungen, zu verkaufen. Zuerst müssen alle verschuldeten Immobilienbesitzer das Objekt abstoßen, um den Verpflichtungen aus dem Kreditvertrag nachkommen. Zwangsversteigerungen drücken die Preise immer tiefer. Wenn Sie dann Geld haben, können Sie zu niedrigsten Kosten Ihren Traum vom

Eigenheim wahr machen. In vielen Fällen ist zu erwarten, dass Häuser auch zu niedrigsten Preisen nicht mehr abgestoßen werden können. Wenn Sie als Käufer auftreten, können Sie beinahe den Markt diktieren. Bei Zwangsversteigerungen ist ein Erwerb zu 50 Prozent des Verkehrswertes möglich. Zu bedenken ist hierbei, dass Sie das Objekt eventuell nicht besichtigen können, da der frustrierte Bewohner Ihnen gegenüber feindlich gesinnt ist. Deshalb könnte es sinnvoll sein, nicht Preise unter der Schmerzgrenze anzustreben, sondern lieber ein leerstehendes Objekt zu erwerben. Ein Haus in einer Deflationskrise bauen zu lassen, ist unter Umständen riskant. Zu schnell kann Ihr Bauunternehmer vom Bankrott eingeholt werden, und Sie verlieren Geld. Mit dem Immobilienkauf sollten Sie es auch nicht übertreiben. Sie müssen immer damit rechnen, dass nach dem Währungsschnitt auch ein Lastenausgleich eingeführt wird wie nach dem Zweiten Weltkrieg. Damals wurden Immobilienbesitzer einer Zwangsabgabe zum Wiederaufbau unterzogen. Dann könnten die Gewinne durch die Deflation schnell wieder zu Verlusten werden. Investieren Sie deshalb gestreut in Sachwerte.

- Immobilien in der Deflation billig kaufen

Die Aufgabe lautet: In der Deflation Vorbereitungen auf die Zeit nach der Krise treffen.

Vorbereitungen auf die Nachkrisenzeit

An erster Stelle stehen hier Metalle, die Sie leicht lagern können und die nach der Deflation wieder für den Aufbau benötigt werden. Da in einer Krise die Nachfrage nach solchen Metallen zusammenbricht, fallen auch die Preise ins Bodenlose. Denken Sie zuallererst an Metalle mit hohem Wert, wie Edelmetalle: Gold, Silber, Platin und Palladium. Weiterhin sind die Industriemetalle Kupfer, Zink, Zinn, Chrom usw. interessant. In der Deflation können Sie sich mit diesen Metallen ein Lager anlegen. Nach Ende des

Zweiten Weltkriegs ermöglichten gerade solche Metalle einigen Leuten, große Vermögen aufzubauen. Der Vorteil: Metalle werden in einer Aufbauphase immer benötigt und Sie brauchen nicht viel Lagerplatz. Die Dichten der wichtigsten Industriemetalle liegen zwischen 7,1 kg/l (Zink) und 11,3 kg/l (Blei). Für eine Tonne (!) Metall brauchen Sie also nur den Platz, den ein Würfel mit 45 bzw. 52 cm Kantenlänge benötigt. In Barrenform lässt sich dies fast im kleinsten Keller stapeln (maximale Tragfähigkeit des Bodens beachten!). Am besten das Lager wieder nicht im eigenen Haus, sondern extern anlegen.
An zweiter Stelle steht der Erwerb von bankrotten Firmen, die elementare Dinge produzieren, welche auch nach einer Krise sofort benötigt werden. Interessant sind hier metall- und holzverarbeitende Unternehmen, Baufirmen, Lebensmittelverarbeitung usw. Eine solche Investition sollten Sie möglichst nicht in der Stadt, sondern auf dem Land tätigen, um der Zerstörungsgefahr im Zuge eines Krieges zu entgehen. Mit Rohstoffen und Firmen können Sie gleich nach der Krise als einer der ersten am Aufschwung verdienen.
An dritter Stelle können Sie in der Deflation zu Spottpreisen Aktien und Anleihen solider Emittenten und Staaten aufkaufen. Gerade damit wurden in der Weltwirtschaftskrise die meisten Gewinne gemacht. Sie sollten allerdings berücksichtigen, dass solche Investments auch schief gehen können – es kann zu Pleiten, Entwertungen usw. kommen. Deshalb steht diese Möglichkeit erst an dritter Stelle. Da die kommende Deflation viel massiver sein wird als die Weltwirtschaftskrise, ist nicht sicher, ob Investitionen in „Papierwerte“ nach der Krise überhaupt noch etwas gelten.

- Investition in Metalle
- Kaufen von billigen Unternehmen
- Investition in Aktien/Anleihen

Um die nötigen Strategiewechsel bei der Geldanlage durchzuführen, ist es für Sie bedeutsam, das Ende der Deflation zu erkennen.

Kennzeichen für das Ende

Es ist also wichtig, zu erkennen, wann die Deflation droht, in eine Inflation oder einen Währungsschnitt umzukippen. Sonst bezahlen Sie entweder überhöhte Preise, oder Sie verlieren Geld im folgenden Währungsschnitt. Erst einmal muss die Deflation genügend starke Effekte zeigen, bevor überhaupt etwas umschlägt. Von einer richtigen Krise kann erst dann gesprochen werden, wenn sie für die Masse schmerzhafte Folgen hat. Solange es nur ein paar Millionen Arbeitslose gibt, die in das weiche Netz des Sozialsystems fallen, kann von einer richtigen Krise noch nicht die Rede sein. Von einer richtigen Depression können Sie ausgehen, wenn wie in den 30er Jahren die zahllosen Arbeitslosen mit minimalen Mitteln auf der Straße stehen, wenn die Sozialunterstützung ganz einfach wegfällt, wenn Leute bereit sind, für jeden Lohn jede Art von Drecksarbeit zu tun, wenn die Menschen ihr Vermögen verloren haben, wenn Banken crashen, Lebensversicherungen wie auch Aktien und Anleihen fast wertlos sind. Das kann man erst unter einer Krise verstehen. Dann brauchen Sie überhaupt erst mit einer Trendwende zu rechnen.

- weitgehende Verarmung
- bankrotter Staat
- Unternehmen am Ende

Dann müssen Sie allerdings die Ohren spitzen und aufmerksam das Geschehen beobachten.

Der Währungsschnitt

Jede Deflation geht einmal zuende. Früher konnten solche Phasen unter Umständen Jahrhunderte dauern. Seit es jedoch statt der Edelmetallwährung Papiergeld gibt, kann eine Notenbank im Zuge eines Krieges eine Trendwende einleiten. Letztlich wird die alte Währung dann wertlos und gegen eine andere ersetzt. Wichtig ist es deshalb, die Indizien wahrzunehmen, die eine Änderung der Entwicklung andeuten. An erster Stelle sollten Sie hier die Äußerungen der Entscheidungsträger sehen. Solange in der Politik vom „Sparen“ gesprochen wird, solange läuft die Deflation weiter. Wenn jedoch einmal die Rede von „einer neuen Währung“ etc. ist, sollten Sie hellhörig werden. Noch schlimmer sieht es aus, wenn gar Tendenzen zu erkennen sind, dass die Politiker das Problem mit militärischen Mitteln „lösen“ wollen. Wie wir gesehen haben, gehen Deflationen oft mit Kriegen Hand in Hand. Im Krieg wird dann die Währungspolitik sehr schnell von Deflation auf Inflation umgestellt, um den militärischen Konflikt führen zu können. Ein aufkommender Krieg und eine anlaufende Rüstungsindustrie sind deshalb Indizien für eine Trendumkehr.

Zusammenfassung: Wie gehen Sie vor?

Zuerst gewöhnen sie sich eine sparsame Lebensweise an. Das hilft Ihnen, das nötige Geld für die Krise zu sammeln und macht es Ihnen später leichter, den Lebensstandard zu reduzieren. Sonst werden Sie sich in der Krise schmerzlich einschränken müssen. Sie hören ab sofort auf, mit Ihrem vorhandenen oder nicht vorhandenen Vermögen zu prahlen. Ein Gebrauchtwagen bringt Sie genauso ans Ziel wie ein mit Kredit gekaufter BMW. Sie hören auf, Ihre Nachbarn übertrumpfen zu wollen. Stattdessen, machen Sie das Gegenteil und geben sich ärmer als Sie sind. Das gesparte Geld legen Sie nicht in Aktien, Anleihen, Lebensversicherungen oder Fonds an, sondern halten es immer liquide. Kommt die Deflation, dann heißt es „Nur Bares ist Wahres.“ Sie räumen Ihre Konten und deponieren das Geld diebstahlsicher, zum Beispiel im versicherten Bankschließfach. Sie warten ab, bis die Preise kräftig in den Keller gefallen sind. In der Deflation kaufen Sie sich Ihr Traumhaus zum Spottpreis. Selbstverständlich behalten Sie Ihren sparsamen Lebensstil bei. Was Sie an Kapital übrig haben, legen Sie in Sachwerten, wie Metallen, an oder kaufen ein kleines Unternehmen auf – damit entgehen Sie dem folgenden Währungsschnitt. Wenn Sie viel Vermögen haben, dann können Sie auch günstig „Papierwerte", wie Aktien und Anleihen, aufkaufen. Zu keiner Zeit vertrauen Sie mehr auf irgendwelche Autoritätspersonen und Institutionen, wie Politiker, Experten und Medien. Niemand von denen hat ein Interesse daran, dass Sie gewinnen – viele möchten aber, dass Sie verlieren. Gleichzeitig schaffen Sie eventuell Vorbereitungen für ein zweites Standbein im Ausland. Wenn es zu Unruhen oder zum Krieg kommt, haben Sie dann ein sicheres Ausweichquartier. Nach der Krise können Sie dann sofort am Wiederaufbau mit Ihren Metallen und Unternehmen verdienen.

Schema Vorgangsweise

Verhalten:	- sparsame Lebensweise - Tiefstapelei - Kein Prestige- und Imagedenken
Investitionen vor der Deflation	- keine Schulden, Aktien, Anleihen - keine Schuldverschreibungen - keine Lebensversicherungen - jederzeit verfügbare Geldanlagen - Mietwohnung statt verschuldetes Eigenheim - Zweites Standbein im Ausland
Strategie in der Deflation: Kauf von:	- Immobilien - Metallen - Unternehmen - Aktien/Anleihen solider Firmen und Staaten
Aufschwungphase:	- Ausbauen der Marktposition

„Wer sich vornimmt, Gutes zu bewirken, darf nicht erwarten, dass die Menschen ihm deswegen Steine aus dem Weg rollen, sondern er muss auf das Schicksalhafte gefasst sein, dass sie ihm welche obendrauf rollen."

Albert Schweizer

Ein Wort zum Schluss

Je weniger heute eine Deflation für möglich gehalten wird, umso härter trifft sie diejenigen, welche sich nicht darauf eingestellt haben. Umgekehrt können Sie auch aus einer Krise als Gewinner hervorgehen. Dazu ist es jedoch notwendig, sich keine Illusionen zu machen. Krisen und Crashs sind in der Regel immer Deflationen. Das kommt daher, weil sich bei Unsicherheiten das Kapital zurückzieht, in der Wirtschaft umlaufendes Geld fehlt und die Preise fallen. Dazu kommt, dass unser Finanzsystem automatisch zu einer immer schnelleren Explosion der Schulden führt. Die Kapitalkosten würgen dabei jede wirtschaftliche Entwicklung ab. Deflation ist die logische Folge.

Doch sind die Möglichkeiten der Notenbank oder des Staates, einer Deflation entgegenzuwirken, sehr begrenzt. Im geschichtlichen Verlauf gab es im Schnitt alle zwei Generationen eine schwere Wirtschaftskrise und Deflation. Sie endete für die Masse der Leute im Elend, während nur eine Minderheit profitieren konnte.

Die Deflation mit ihren fallenden Preisen würgt jede Wirtschaft regelrecht ab. Am schlimmsten trifft es Goldwährungen, weil hier die Notenbank keinerlei Möglichkeiten hat, einzugreifen. Weiter birgt Gold die Gefahr, wegen der Beschränktheit der Menge bei wachsender Wirtschaft zur Deflation zu führen.

Die Folge einer solchen Krise ist oft Krieg. Denn nur durch massive Sachkapitalvernichtung mit florierender Wirtschaft durch Rüstungsindustrie und Wiederaufbau lässt sich die Wirtschaft wieder in Gang bringen. Der Krieg wird mit Inflation finanziert, danach folgt der Währungsschnitt.

Gewinnen kann man in einer Deflation nur mit einer flexiblen Strategie. Eine „absolut sichere" Geldanlage gibt es

ebenso wenig wie „absolute Werte“. Je nach Phase einer Wirtschaftsentwicklung gewinnen entweder Geldwerte oder Sachwerte. Nur wenn Sie klug Ihre Investitionen planen, können Sie Schaden vermeiden und zu den Gewinnern zählen.
Die Folgen einer deflationären Wirtschaftskrise lassen sich anhand der Weltwirtschaftskrise oder heute im ehemaligen Ostblock beobachten. Die Gesellschaft wird dabei völlig umgekrempelt. Im Vergleich zum ehemaligen Ostblock ist die westliche Gesellschaft jedoch wesentlich weniger auf eine Krise vorbereitet. Wer nicht zu den Verlierern gehören will, tut deshalb gut daran, sich schon heute entsprechen darauf einzurichten. Dazu gehört eine generell sparsame und auch unauffällige Lebensweise. Leute, die auf großem Fuß leben, gehören in Krisenzeiten im Allgemeinen zu den Verlierern. Demgegenüber sind „Tiefstapler“ viel besser abgesichert.
Schulden sind auf jeden Fall in einer Deflation zu vermeiden. Lebensversicherungen, Fonds, Anleihen und Aktien sind kaum geeignet, Vermögen über eine Deflation zu retten. Immobilien kauft der kluge Investor in der Deflation zum Schnäppchenpreis statt vor der Krise zum überspekulierten Höchstpreis. In der Deflation muss sogar auf Sachkapital umgestiegen werden, da ein späterer Währungsschnitt droht. Klug ist es, den üblichen historischen Verlauf und auch einen Krieg einzubeziehen und entsprechend zu investieren. Wer wohlüberlegt vorsorgt, hat nach einem Konflikt in der Aufbauphase wieder beste Möglichkeiten, zu großem Wohlstand zu kommen.

Finanzberatung /Vortrags-veranstaltungen

Bild 2: G. Hannich bei n-tv als Deflationsexperte

Finanzberatung. Der Autor steht auch für persönliche Finanz- und Anlageberatungen zur Verfügung. Bitte ihn unter nachfolgenden Kontaktmöglichkeiten für ein kostenloses, unverbindliches Angebot kontaktieren.

Vorträge: Die wirtschaftliche Situation wird immer negativer. Der Autor bietet zum Thema Wirtschaft und Geldanlage interessante Vorträge an. Die professionellen, computergestalteten Veranstaltungen zeigen wirtschaftliche Entwicklungen leicht verständlich und anschaulich auf. Daneben steht der Autor in der Diskussion dem Publikum für individuelle Fragen zur Verfügung. Auch für die Medien ist Günter Hannich gern bereit in Interviews klar Stellung zu beziehen.

Informationen zur persönlichen Finanzberatung und Vorträgen erhalten Sie unter:

Email:	*info@kapitalseminare.de*
Internet:	www.geldcrash.de
Fax/Telefon (Anrufbeantw.):	*02561/959-500-850*

Weitere Bücher des Autors

Geldcrash - So retten Sie Ihr Vermögen

Was ist dann, wenn eine Finanzkrise Ihr ganzes Vermögen entwertet? Den wenigsten ist bewusst, dass ihr Vermögen zunehmend bedroht wird: Sowohl Schulden- als auch Währungskrisen gefährden das Ersparte. Dabei ist auch das laufende Einkommen von steigenden Steuerlasten und einer Umverteilung von der Mittelschicht zu wenigen Superreichen bedroht. Die kommende Entwicklung kann durch die Kenntnis unseres Geldsystems vorhergesagt werden. Der ungünstig investierte Anleger wird vom Zusammenbruch überrascht und verliert seine Sicherheit und Freiheit. Als Leser dieses Buches sind Sie auf den Zusammenbruch vorbereitet und können die Risiken und Chancen Ihrer Vermögensanlagen einschätzen.

*Günter Hannich, **Der Geldcrash - Krisenwegweiser**, So retten Sie Ihr Vermögen, 8. Auflage 2008, ISBN 3-00-005077-9, 160 Seiten mit 6 Karikaturen und 20 Grafiken, kart., 14,8 x 21 cm, 15,90 Euro*

"Krisenwegweiser - Angst vor dem Crash? Die Aktienmärkte streben von Rekord zu Rekord. Aber das war auch 1929 so. ... (Günter Hannich) zeigt in seinem Bändchen mögliche Krisenszenarien auf. Keine Panikmache. Doch etwas Nachdenklichkeit hat bisher den wenigsten Geldanlegern geschadet."
Handelsblatt 28.12.1999

„Der wichtigste Schritt zu einer sicheren Anlage besteht darin, selbst die Verantwortung für sein Eigentum zu übernehmen. "Auf die meisten Experten ist ebenso wenig Verlass wie auf Aussagen von Notenbanken über anstehende Zinssenkungen", sagt Buchautor Günter Hannich ("Geldcrash - So retten Sie Ihr Vermögen").". Die Welt, 16.3.2001

Bloß weg!
Ihr zweites Standbein im Ausland
Wie Sie Krisen, Frust und Steuern entkommen

Der Autor erwartet, dass sich die Situation in den nächsten Jahren noch weiter verschärfen wird: Die Einkommen werden sinken, Krisen, wie auch die Bedrohung durch Kriege und Terror zunehmen. Durch ein zweites Standbein im Ausland gewinnen Sie demgegenüber Freiheit und Unabhängigkeit. Um dieses Projekt zu verwirklichen ist es notwendig, sich sowohl mit den Vor- und Nachteilen als auch den Anforderungen an ein Auslandsdomizil zu beschäftigen. Checklisten und ausführliche Informationen in diesem Buch erleichtern den Schritt zum neuen Domizil. Den wenigsten ist dabei bekannt, dass ein sicherer Platz im Ausland keineswegs teuer sein muss und im Prinzip jedem offen steht.

Günter Hannich, „Bloß weg! – Ihr zweites Standbein im Ausland“ ISBN 3-9808522-2-9_Paperback; zahlr. Grafiken und Bilder; 160 Seiten; 4. Auflage 2007; 21 x 12,6 c; 15,90 Euro

Der Marionettenstaat - So durchschauen Sie die Methoden der Drahtzieher

Die Probleme unserer Zeit werden immer größer, die Politiker zugleich zunehmend unfähiger, diese Mißstände zu beseitigen - es liegt am System. Kaum jemand weiß, dass es Drahtzieher im Hintergrund gibt, die jeden von uns wie eine Marionette kontrollieren wollen. Der Aufbau eines Überwachungsstaates und die besorgniserregende Einschränkung der Freiheit durch immer schärfere Gesetze sind nur ein Teil der Methoden, die Gesellschaft durch Angst zu beherrschen. Eine weitere Vorgehensweise der mächtigen Intriganten ist die Spaltung der Gemeinschaft. Die Gegensätze "Unternehmer kontra Arbeitnehmer", "Jung gegen Alt", "Arbeitende gegen Arbeitslose" wurden künstlich geschaffen, um die Gesellschaft zu zersetzen. Auch werden die Frauen durch den Feminismus bewusst gegen die Männer aufgebracht und damit letztlich der Rückhalt und die Stärkung in den Familien zerstört. Jede so geschaffene Gruppierung steht für sich alleine da, Abneigung, Neid und Hass regieren. Nur wer die Methoden der Drahtzieher kennt und sie durchschaut, erkennt auch, wohin die dramatische Entwicklung geht und kann seine persönliche Schutzmaßnahmen ergreifen.

Günter Hannich, „Der Marionettenstaat", ISBN 3-9385161-8-6, Hardcover, 1. Auflage 11/2005, 160 Seiten, 14,90 Euro

"Das Buch gleicht dem Aufstoßen einer Tür in bisher kaum wissenschaftlich und publizistisch bearbeitete Lebensbereiche." Prof. Dr. Johannes Jenetzky

Börsenkrach und Weltwirtschaftskrise
Der Weg in den 3. Weltkrieg

Das Grundlagenbuch, das erklärt, was in Zukunft auf uns zu kommt. Da es aber in einer endlichen Welt kein unendliches Wachstum geben kann, ist das System zum Scheitern verurteilt. Weil die Politiker und die Hochfinanz mit ihren internationalen Machtkartellen alles daran setzen, die Stunde der Wahrheit so lange wie möglich hinauszuzögern, bläht sich das System immer mehr auf. Die Umverteilung des Kapitals von Arm nach Reich geschieht immer schneller. Doch die Finanzblase wird platzen. Wir stehen unmittelbar vor der größten Weltwirtschaftskrise, welche die Erde je gesehen hat. Sie wird für die meisten zu unbeschreiblicher Armut und schrecklichem Elend führen, am Ende sogar zu einem neuen Weltkrieg. Mit marktschreierischen Untergangsvisionen hat Hannich trotz dieser mehr als beunruhigenden Feststellungen nichts im Sinn. Seine Analysen sind präzise und fundiert. Sie münden in konkrete Strategien und entbehren nicht einer bestechenden Logik.

Günter Hannich, "Börsenkrach und Weltwirtschaftskrise - Der Weg in den 3. Weltkrieg", 320 S., Auflage 2006, Hardcover, erschienen im Kopp Verlag, ISBN 3-930219-34-4, 19,90 Euro

Staatsbankrott – Wann kommt die nächste Währungsreform?

Aber ein Staat kann doch nicht Pleite gehen!« Ach nein? Das ist ein weit verbreiteter Irrtum. Alleine Deutschland war im vergangenen Jahrhundert bereits zweimal bankrott, eine Tatsache, die viele gerne verdrängen. Fakt ist, daß es in den letzten 30 Jahren ernsthafte Währungskrisen in über 80 Ländern gegeben hat, die oft in den Total-Bankrott führten. Gerade in den letzten Jahren hat sich die Zahl besonders gehäuft.

Günter Hannich zeigt in diesem Buch, daß der nächste Staatsbankrott in Deutschland bereits vorprogrammiert ist. Es ist nur noch eine Frage der Zeit. Jahrzehntelang hat sich die Regierung Geld von den kommenden Generationen gepumpt. Jetzt stehen wir vor dem Tag der Abrechnung. Und auch dieses Mal wird das Volk für die finanzpolitischen Fehler bezahlen müssen.
Die nächste Währungsreform ist nur noch eine Frage der Zeit. Sind Sie darauf vorbereitet?

Günter Hannich, "Staatsbankrott – Wann kommt die nächste Währungsreform?", Hardcover, 180 Seiten, 1. Auflage 2006, zahlr. Abb., 14,90 Euro

Wer in der Schuld ist, ist nicht frei

Die Verschuldung der Länder, der Unternehmen und der Privathaushalte hat globalen Charakter angenommen. Ganze Nationen stehen unmittelbar vor dem Bankrott, wie die Finanzkrisen in Russland, Japan, Argentinien und in der Türkei gnadenlos zeigen. Aber auch die Unternehmen haben sich, ob groß oder klein, weltweit unter dem Globalisierungsdruck über die Maßen verschuldet. Eine Zeitbombe tickt, die jederzeit explodieren kann. Die nächste große Weltwirtschaftskrise hat bereits begonnen.

"Wer in der Schuld ist, ist nicht frei"/Günter Hannich, 14,90 Euro , Pb., 190 S., zahlr. Abb. (ISBN: 3-930219-41-7)

Sprengstoff Geld - Wie das Kapitalsystem unsere Welt zerstört

Das Buch "Sprengstoff Geld" gibt Ihnen einen umfassenden Überblick zur Funktion unseres Systems und zeigt Lösungen auf, wie dieses stabilisiert werden kann. Ein historischer Rückblick verdeutlicht die Entwicklung. Arbeitslosigkeit, Umweltzerstörung, Wirtschaftskrisen und die daraus entstehenden Ungerechtig-keiten sind keineswegs Zufall, sondern logische Folgen in der Endphase eines explodierenden Geldsystems. Die Geschichte zeigt deutlich, dass sich eine bessere Ordnung nur dann durchsetzen kann, wenn das alte System an seinen inneren Widerständen zerbrochen ist.

Sprengstoff Geld, Vierte Auflage 2004, 144 S., 14,8 x 21 cm, über 30 Grafiken, 9 Karikaturen, , erhältlich als pdf Datei bei G. Hannich

Quellenverzeichnis

[1] Deutsche Bundesbank, Monatsbericht 6/2003
[2] Die Welt, 29.8.2007
[3] Financial Times Deutschland, 24.6.2003
[4] Handelsblatt.com, 29.6.2003
[5] Süddeutsche Zeitung, 23.5.2003
[6] n-tv.de, 10.6.2006
[7] Süddeutsche Zeitung, 31.7.2003
[8] Zeit, 12.4.2006
[9] n-tv.de, 30.7.2007
[10] Spiegel Online, 25.9.2007
[11] Handelsblatt.com, 2.5.2003
[12] AFP, 13.4.2006
[13] Welt, 5.8.2003
[14] Focus, Juli, 2003
[15] Produktion, 29.11.2005
[16] Neue Zürcher Zeitung, 28.4.2003
[17] Die Welt, 3.5.2003
[18] Handelsblatt.com, 18.5.2003
[19] Kraftfahrtbundesamt, 2.8.2007
[20] Financial Times Deutschland, 28.8.2007
[21] Tagesspiegel, 4.8.2007
[22] Financial Times Deutschland, 2.6.2003
[23] Handelsblatt.com, 26.5.2003
[24] Financial Times Deutschland, 26.5.2003
[25] Handelsblatt.com, 30.6.2003
[26] Handelsblatt.com, 19.5.2003
[27] Handelsblatt.com, 8.7.2003
[28] Bundesverband Deutscher Banken, Berlin, Juni 2003
[29] Die Welt, 1.3.2003
[30] Handelsblatt.com, 28.5.2003
[31] Die Welt, 22.5.2003
[32] Wirtschaftsblatt, 17.8.2007
[33] Wirtschaftsblatt, 17.8.2007
[34] Deutsche Bundesbank, Monatsbericht 6/2003
[35] Deutsche Bundesbank, Monatsbericht 6/2003
[36] Deutsche Bundesbank, Monatsbericht 6/2003
[37] Smart Investor, 6/2003, mit Erlaubnis des Autors
[38] Spiegel Online, 14.7.2007
[39] Komma, 5/2003
[40] Die Welt, 10.3.2003

[41] Woche, 29.10.1998
[42] Der Spiegel, 16.6.2003
[43] Neue Solidarität, 18.6.2003
[44] Welt, 15.7.2005
[45] Süddeutsche Zeitung, 29.7.2003
[46] Der Spiegel, 31/2006
[47] Yahoo Finanzen, 25.10.2004
[48] Fredmund Malik, http://www.mzsg.ch, 5.8.2002; mit Erlaubnis des Autors